AF299628

UNIVERSITÉ DE FRANCE.

ACADÉMIE DE STRASBOURG.

ACTE PUBLIC
POUR LE DOCTORAT

PRÉSENTÉ

A LA FACULTÉ DE DROIT DE STRASBOURG

ET SOUTENU PUBLIQUEMENT

LE MARDI 30 JUILLET 1861, A MIDI,

PAR

PROSPER SCHÆFFER,

AVOCAT,

DE BARR (BAS-RHIN).

STRASBOURG,

IMPRIMERIE F. C. HEITZ, RUE DE L'OUTRE 5.

1861.

FACULTÉ DE DROIT DE STRASBOURG.

PROFESSEURS.

MM. Aubry ✳, doyen . . Droit civil français.
Hepp ✳ . . . . Droit des gens.
Heimburger . . . . . Droit romain.
Thieriet ✳ . . . . . . Droit commercial.
Rau ✳ . . . . Droit civil français.
Lamache ✳ . . . . . . Droit administratif.
Destrais . . . . Procédure civile et Droit criminel.
Mugnier . . . . Droit civil français.
N . . . . Droit romain.

AGRÉGÉS.

MM. Lederlin.
Dubois.

M. Bécourt, officier de l'Université, secrétaire, agent comptable.

MM. Hepp, Président de la thèse.
Heimburger,
Thieriet,
Rau,
Lederlin,   } Examinateurs.

*La Faculté n'entend ni approuver ni désapprouver
les opinions particulières au candidat.*

JUS ROMANUM.

DE MORTIS CAUSA DONATIONE.

PRÆFATIO.

Jus dominii quum lucrativo titulo, tum etiam donativo, de re sua cuique statuendi copiam tribuere, censendum est: non enim ita spectant bona ad commercium quin sint eadem liberalitatis atque mutui inter homines auxilii instrumenta.

Multis autem modis fiebat apud romanos gratuita bonorum largitio. Distinguebantur enim : 1° donatio inter vivos. 2° donatio mortis causa. 3° Heredis Institutio. 4° legatum. 5° fideicommissaria Institutio. 6° fideicommissarium legatum.

In pactionibus quidem quæ lucrativo titulo fiunt, quum unusquisque non minora per eas accipere studeat quam ipse tradiderit, satis nos monere videtur atque tueri propriæ utilitatis respectus : quo vero præsidio plane destituimur, si benevolentia causa fuit conventionis. Nihil enim jam habemus quo a tertiæ alicujus partis ambitu et circumcessionibus, vel a proprii animi impetu atque libidinum illecebris defendi possimus.

Lex igitur ipsa donandi copiam multo severioribus præscriptis instituit et cœrcuit quam illam lucrativo titulo præstandi ; et ita liberalitatis atque beneficentice fautrix extitit, ut, nonnullis conditionibus adjectis, tanquam tutelam effecerit qua pars utraque tegeretur.

Quas ergo regulas et conditiones lex romana mortis causa donationi statuerit, jam, pro viribus nostris, investigari suscepimus.

CAPUT PRIMUM.

Ejus Origo.

Mortis causa donationis ortum ex fonte si repetamus, antiquissimum sane inveniemus. Nam, heroum ætate, jam apud Grœcos vigentem eam cernimus : si quidem Homerus ipse tradit Telemachum, quum in eo esset ut cum procis manus consereret, hujusmodi bonorum donationem Piræo constituisse. Græci enim veteres, gens inquieta ingeniis et ad omnia pericula terra marique tentanda pronior, opportunam sibi ducere videbantur donationem illam, qua liceret in ipso discrimine, jam nulla morante forma, de bonis statuere, a quibus fortasse mors ipsos brevi tempore segregaret.

Romani deinceps quem donandi modum a Græcis mutuati sunt. Atque facillime patet quanti eum fecerit natio illa bellis et mercaturæ quam maxime addicta. Quam frequens autem ejus extiterit usus, et qua cura eam habuerint legislatores a crebris mutuationibus quibus contrecctata est, perspicue videre licet.

CAPUT SECUNDUM.

Ejus Notio et Indoles.

Mortis causa donatio ea vocatur quæ propter mortis fit suspicionem, hoc pacto ut non valeat nisi donator ante donatarium decesserit. Et in summa, mortis causa donatio est cum quis magis se velit habere quam eum cui donat, et magis eum cui donat quam heredem suum (fr. 35, § 2, D. L. 39, T. 6).

Donatur autem vel propter metum imminentis, mortis vel sola mortalitatis cogitatione.

Atque utraque ex causa, aut ita donatur ut res statim donatarii fiat, aut ita ut tum demum transferatur, quum mors donatoris insecuta sit.

Hoc in primis animadvertendum, quod mortis causa donatio naturæ suæ ingenio, revocabilis sit. Licet enim donatari repetere.quodcumque donavit, si forte eum liberalitatis suæ pæniteat.

Olim quæsitum est utrum pro donatione inter vivos haberetur, ut Paulus opinatus est, an potius pro legato, ut Julianus et Ulpianus censuerunt. Sed Justinianus statuit mortis causa donationem, quoad effectum, per omnia fere legato esse annumerandam.

Nec immerito quidem : Nam similis est legato, quod non nisi morte donatoris perficiatur, quod a donatore revocari possit, quod, an donatarius sit capax, mortis tempus inspiciatur, quod, ad solemnitatem actus, quinque testium præsentiam desideret, quod tandem Falcidiæ deductionem subeat.

Attamen convenit quoque cum donatione inter vivos,

quia duorum consensu indiget, scilicet donantis et accipientis, deinde quia nullo modo ab hereditatis aditione pendet.

Unde fit ut mortis causa donatio re ipsa mixtum liberalitatis genus efficiat.

Porro ex verbis ipsius donationis æstimandum est an mortis causa donatum fuerit. Sine his, neque periculum propinquæ mortis, neque suspicio futuræ, quidquam prodest ad arguendam mortis causa donationem. Eo casu donator censetur jure donationis inter vivos donavisse; nam, ut Papinianus ait, qui ita donavit magis donavit moriens, quam mortis causa.

Non quod donator voluntatem suam mortis causa donandi non aliis verbis manifestare possit quam his: mortis causa dono; hoc minime requiritur. Etenim nihil interest solemnia verba adhibeantur, dummodo animus mortis causa donandi non ambiguus sit.

Neque solum suæ mortis causa donare quis potest, sed etiam alterius, ut si pater, filiæ mortis causa, socero donavit (L. 11. 18. 31, § 1. 38, pr. D. L. 39, T. 6). Hic vero donandi modus mortis causa capio potius, quam mortis causa donatio dicitur.

Postremo non dubitatur quin hæc donatio tam civilis quam naturalis modus sit acquirendi rerum dominii.

CAPUT TERTIUM.

Quot sunt species mortis causa donationis?

Icti tres mortis causa donationum species agnovere. Una

cum quis sanus et in bona valetudine positus, nulloque
præsentis periculi metu territus, sola mortalitatis cogitatione donat. Altera cum quis metu mortis aut præsentis
periculi, vel etiam futuri, ita donat, ut statim res fiat accipientis. Quo casu statim quidem perfecta est donatio, sed
sub conditione resolvitur, si videlicet donator præsens periculum evadat. Tertia cum quis, periculo mortis, non sic
donat ut statim faciat rem accipientis, sed tunc demum
cum mors fuerit insecuta : quo casu donatio sub conditione
pendet.

Mihi vero duo tantum mortis causa donationum genera
exstare videntur : Scilicet unum cum donator propter metum mortis donavit, vel præsenti vel futuro periculo movea-
tur, nempe si gravi morbo vel summa senectute laboret,
periculosam ve navigationem suscepturus sit (fr. 2-6, D.
fr. 35, § 4).

Alterum cum donator sanus et vegetus sola mortalitatis
cogitatione, id est humanæ fragilitatis intuitu, donavit, videlicet his verbis : quia incertum est quamdiu deus nobis
vitam proroget.

Equidem Hotomannus quidam censivit, ut apud Vin-
nium reperitur (Inst. Comm. p. 255) nullam esse mortis
causa donationem extra periculi metum, sed hæc sententia
nunquam prævaluit.

Deinde utraque ex causa, aut dominium rei donatæ
statim in donatarium transfertur, eo jure ut, non impleta
mortis conditione, rursus ad donatorem redeat; aut apud
hunc usque ad mortem suam remanet, ita ut tum demum
donatorii fiat (fr. 40, D.) (fr. 2-6. 34, § 4, D.).

Verum tamen mos olim erat dominium statim ex die donationis transferri, ut patet ex his verbis Telemachi Piræo donantis : «Piræe, quoniam incertum est qualis harum rerum exitus sit futurus, si me feroces proci domi ex insidiis necent, paternasque opes diripiant, malo te vasa hæc tibi habere quam illorum quempiam. Sin autem ego illis interitum afferam, tum vero tu lætus et gratulans mihi læto et gratulanti domum illa referes. »

CAPUT QUARTUM.

Personæ et Res in quibus versetur mortis causa donatio.

Ii tantum mortis causa donare possunt quibus jus est condendi testamenti (fr. 1, § 1, D. L. 27, T. 3); filio tamen excepto, qui etsi testandi copiam, vel consentiente patre, non habeat, mortis causa donare potest, si pater permiserit (fr. 25, § 1, D.).

Æqua ratione, iis tantum jure donatur, quibus cum est testamenti factio (fr. 9, D.). Imo Pegasiano senatusconsulto statutum est, ut omnis res caduca foret quæ mortis causa iis donaretur, quibus, jure legis Pappiæ Poppeæ, legari non posset (fr. 35, pr. D.).

Denique licet inter virum et uxorem mortis causa donari, et eorum fidei committi quibus sic donatum est. (fr. 40, D.) (fr. 77, § 1, D. de leg. T. 2).

Hoc autem jus accipiendi tantummodo ex tempore quo donator obiit, æstimandum est (fr. 22, D.). Jus donandi contra duobus temporibus donationis atque mortis salvum esse debet (fr. 7, D.).

Quod nunc ad res attinet, omnes quæ in commercio sunt jure donantur, corporales et incorporales (fr. 1, § 25, D. L. 7, T. 9), præsentes et futuræ, universitas quoque, (fr. 42, D.) postremo etiam alienæ, eatenus ut usucapi possiut (fr. 13, pr. D.).

CAPUT QUINTUM.

De forma in mortis causa donationibus adhibenda.

Antiquo jure, mortis causa donatio forma mancipationis, vel cessionis in jure, vel traditionis, secundum rerum donatarum naturam, utebatur.

Postea, ut plenissimam vim obtineret, quatuor conditionibus, veluti donatio inter vivos, indigebat : nempe : 1° scriptis. 2° testibus. 3° traditione. 4° Insinuatione (fr. 25, C. L. D. T. 54) (frag. Vatic. § 249).

Deinde Theodosius et Valentinianus jusserunt mortis causa donationem absque omni scripto valere (fr. 29, C.).

Paulo post Zenonis imperio, testium necessitas quoque sublata est (fr. 31, C.).

Tandem novo jure apparet hanc esse mortis causa donationis formam. Primum ut donatio coram quinque testes fiat, seu litteris, seu nuda conventione, hoc minime refert, neque enim scriptis, neque publicæ personæ ministerio, neque vel insinuatione indiget (Muhlenbruch F. 3, § 771).

Deinde ut donatarii acceptatio accedat : nam invito beneficium non datur, et licet donatio absenti fieri possit, non fit tamen prorsus ignoranti et non acceptanti (fr. 38, D.). Quinetiam donatio nundum acceptata vi fideicommissi sustinetur, si donator, necessaria testamentorum vel codicillari forma adhibita, clausulam testamento adjecerit (Viet. Comm. Inst. p. 566).

Postremo ut res vel tradatur vel promittatur : Traditione opus est ad transferendum rei dominium, si forte donator rem statim donatarii facere cupit, nempe, mortuo donatore, res ipso jure, absque omni traditione, donatario acquiritur. Sunt qui dominium statim, ex die donationis, transferri putant, sola donatoris voluntate, etiam si traditio nulla sequatur. Quorum tamen sententia quam falsa sit, Vinnius apertissime demonstrat, hoc argumento : «nam sive cum contractibus mortis causa donationem conferri placet, explorati juris est ex contractu nullo citra traditionem transferri, sive cum legatis, constat dominium rei legatæ demum post mortem testatoris in legatarium transire» (Inst. Comm. p. 255) (nec obstat fr. 2, D. L. 6, T. 2).

Verum etiam si donator rem non statim tradat, nihilominus donatio ex nuda pactione valebit. Tunc traditionis necessitas donatori incumbit ad exemplum ejus qui inter vivos donavit.

Neque tradere solum, sed etiam dare cogitur : quapropter donatarius agere posset adversus eum vel ex stipulatu, vel condictione ex lege.

Res contra promittitur tantum, quum donator ea lege donat, ut dominium apud ipsum, usque ad mortem suam, remaneat. Ceterum nihil obstat quin res hic quoque tradatur, eo consilio ut donatarius jam pridem possideat, quod mox jure domini acquisiturus est (arg. fr. 29, D.).

CAPUT SEXTUM.

Mortis causa donationum Vis et Effectus.

Hujus donationis vis et effectus a conditionibus pendent quibus ipsa donatio subjecta est.

Nempe aut dominium statim in donatarium transfertur, ea lege ut ad donatorem redeat, si periculum evaserit. Eo casu, donatarius rei vindicationem, vel directam in rem actionem, quasi dominus habebit, quoad, donator, sublato periculo, cujuscunque restitutionem condicat (L. 35, § 3, D.). Quapropter si donator obit in periculo cujus suspicione donavit, acquiritur donatario dominium. Si contra periculum evadit, condicere potest quodcunque donavit. Imo donatori non condictio tantum sed etiam directa in rem actio competit. Nam salvo donatore, donatio quasi ipso jure resolvitur (Vinnius. p. 255) (Muhlenbruch. T. 3, § 772).

Si vero donatarius necessarias vel utiles impensas in rem fecisset, donatoris actionem doli mali exceptione summoveret, donec impensarum pretium sibi restitueretur (L. 14, D.).

Quod si res a donatario in alium translata fuisset, seu venditione, seu donatione, seu quodam alio modo, dicebatur olim nihil nisi rei pretium condici posse (fr. 19, 39. D.). (Makeldey § 739). Sed novo jure convenit etiam ipsius rei repetitionem donatori competere (fr. 37, § 1, D.). (Muhlenbruch § 772). (de Fresquet T. 1, p. 331).

Nec vero impeditur quominus res quoque repetantur quas donatarius usucepit. (fr. 13, pr. fr. 33, D.).

Aut ita donatur ut res non prius donatarii fiat quam mors donatoris secuta sit. Hic dominium apud donatorem, usque ad mortem suam remanet ; tunc vero donatario ipso jure acquiritur.

CAPUT SEPTIMUM.

Quot modis dissolvitur hæc donatio?

Dissolvitur mortis causa donatio tribus modis, quorum priores duo communes sunt cum iis quæ aliter ob causam dantur, tertius cum legatis. (Donelli comm: 14. 33). Nempe :

1° Si donator periculo supervixerit. (Inst. § 1. L. 2. T. 5.) Hic enim res donata est propter periculum quod non secutum est. (fr. 1, D. L. 12, T. 5.) Plane si quis sanus atque valens, extra suspicionem alicujus periculi, sola mortalitatis cogitatione donaverit, non irrita fit donatio eo quod donator morbum aliud ve periculum in quod postea incidit, evaserit, nam nihilominus causa donandi manet.

2° Si eum donationis pœnituerit. (fr. 30, D.) quia hæc donatio, ingenio suo, revocabilis est ad nutum donatoris. Quod si ea lege concepta est ut non revocetur, quod sane quidem fieri potest, decet eam nihilominus pro mortis causa donatione videri. Etenim hoc in donatione inter vivos

requiritur, scilicet ut nullo casu revocetur, illa autem præ-
decessu donatarii semper irrita fit, quanquam donator etiam huic beneficio renuntiaverit. (fr. 13, § 1, fr. 27, 42.
§ 1, D.). Quam sententiam Paulus tuetur in fr. 35, § 4.
D. «Et sic donari potest ut non aliter reddatur quam si
prior ille qui accepit, decesserit. (Muhlenbruch. T. 3,
§ 769) (Makeldey § 739). Ceterum quotiescunque donator
non apertissime pœnitentiæ renuntiaverit, integrum jus
manebit.

Atque hæc ratio est cur mortis causa donationem revo-
care liceat : In donatione inter vivos qui donat donatarium
solum cogitat atque illum quam se habere mavult; in donatione mortis causa qui donat se primum et principaliter
cogitat; in summa, se potius habere vult quam cum cui
donat magisque eum cui donat, quam heredem suum.
(fr. 35, § 2, D.)

3° Si prius decesserit cui donatum est. Irrita est mortis
causa donatio adeo ut nulla donatarii heredi, quippe cui
bene voluerit donator, competit ad rem donatam actio.
Præterea nec ea quæ relinquuntur in ultima voluntate de-
bentur, si præmoriatur is cui bona relicta sunt.

DROIT FRANÇAIS.

DE LA DONATION

DE TOUT OU PARTIE DES BIENS QU'ON LAISSERA A SON DÉCÈS

OU DE

L'INSTITUTION CONTRACTUELLE.

AVANT-PROPOS.

Le droit romain défendait sévèrement toute espèce de convention sur succession future. Cette prohibition tenait d'abord à la crainte que ces traités inspiraient aux Romains. «*Nobis omnes hujusmodi pactiones odiosæ esse videntur et plenæ tristissimi et periculosi eventus*» (fr. 30. C. L. 2. T. 3.), ensuite et surtout à l'atteinte qu'ils portaient au droit de tester si cher à tous les citoyens. «*Ambulatoria hominis voluntas usque ad ultimum vitæ strepitum*» (Ortolan T. 1. p. 530). Les Pactes dotaux ne pouvaient pas plus que les autres contenir de pareilles stipulations.

Notre droit coutumier autorisait au contraire ces conventions, de la manière la plus formelle. Et personne n'ignore combien d'injustices et d'abus a consacrés cette législation. Il était rare en effet, qu'on permit aux filles de se marier, sans exiger qu'elles renonçassent aux successions de leurs parents, en faveur de leurs frères, (Loysel. Inst. cout. L. 2 p. 5. §341). Quelques coutumes avaient même posé en principe, que la seule acceptation de dot par la fille «cette dot ne consistât-elle qu'en un simple Chapel de roses» contenait une renonciation suffisante. (Cout. d'Anjou, art. 241). Lebrun, Succ. L. 13. Ch. 8. Sect. 1. N° 33). On voulait ainsi conserver les biens sur la tête des mâles, pour soutenir la splendeur du nom.

Mais la Révolution de 1789 a aboli les droits de masculinité et de primogéniture, et renversé cette jurisprudence qu'on est surpris de voir comparée par Domat à la loi divine.

Le Code Napoléon à son tour, confirmant une loi du 8 Avril 1791, a défendu, par des dispositons géminées, les Pactes sur succession future. (Art. 791, 1130, 1600). Cependant le législateur de 1804 pour avoir été sévère, ne s'est pas montré injuste, car quelques pactes ont trouvé grâce devant lui. De ce nombre est l'*Institution contractuelle* qui fait l'objet de cette thèse.

L'origine de ce Pacte est très ancienne, comme nous le démontrerons bientôt. Notre Code n'a fait que l'emprunter au droit intermédiaire qui lui-même l'a tiré de l'ancien droit.

L'Institution contractuelle est donc intéressante à un

double point de vue. Au point de vue de la Jurisprudence, parce qu'elle consacre la faculté précieuse pour chacun de nous de réglementer conventionellement sa succession future ; et au point de vue de l'Histoire parce qu'elle a fixé depuis plusieurs siècles , l'attention de tous nos législateurs.

Puissions-nous , en étudiant son origine , ses principes et ses règles , ne pas rester trop au-dessous de notre tâche.

Introduction historique.

Jusqu'au Bas-Empire, le droit romain défendit sévèrement les conventions sur successions futures. Néanmoins, sous l'Empire de Dioclétien et de Maximien, on tenta déjà d'introduire une jurisprudence différente. Une femme convint alors par son contract de mariage (qu'elle déclara tenir lieu de testament) que son mari recueillerait, à son décès, tous les biens paraphernaux qu'elle laisserait. Mais les Empereurs consultés sur l'effet de cette clause répondirent qu'elle était nulle (C. 5, C. L. 5, T. 14).

C'est d'après le même principe que Valens et Galien décidèrent en l'an 267 que la promesse faite par un père, en mariant sa fille, de lui laisser dans sa succession une part égale à celle de ses autres enfants, ne devait produire aucun effet.

Constantin, le premier corrigea cette rigueur de l'ancien droit, et permit à la mère de partager sa succession entre ses enfants (C. 2, C. Théod. II. 24).

Justinien fit un pas de plus, il statua que le pacte (*de succedendo*) sur l'hérédité d'une personne quelconque serait désormais valable, si cette personne y consentait, et persévérait dans son consentement jusqu'à sa mort (C. 50, C. L. 3, T. 2).

Mais après lui aucun Empereur ne s'appliqua plus à étendre cette jurisprudence qui fut ainsi arrêtée dans ses premiers développements.

Le dernier état du droit romain se réduit donc à ce point unique : que les Institutions contractuelles pouvaient se faire sous forme de partage entre des héritiers légitimes.

Or, on sent que ce n'est pas dans ces Institutions encore mal définies et essentiellement révocables qu'il faut chercher les sources de notre sujet.

Comme les Romains, les Germains et les Francs n'ont pas connu dans l'origine les pactes successoires : ces derniers ne savaient même rien des testaments. (*Deus solus heredes facit*).

Ce ne fut que plus tard, après une série de luttes et de migrations, qu'ils empruntèrent aux Gallo-Romains l'usage de ces pactes. Toutefois cet usage fit de si rapides progrès, surtout parmi les Francs, qu'il fut bientôt consacré par la législation écrite. Tant il répondait à l'esprit et aux mœurs de nos ancêtres.

Les anciens auteurs sont loin de s'accorder sur les textes où paraissent se révéler les premiers germes des Institutions contractuelles.

Quelques-uns croient en trouver l'origine dans ce passage du titre 57 de la loi ripuaire : «*Si quis mulierem desponsaverit quidquid ei per tabularum seu chartarum instrumenta conscripserit perpetualiter inconvulsum permaneat.*» Mais c'est là une erreur que rejettent avec raison la plupart des jurisconsultes, puisque cet article fait partie du titre *«de dotibus mulierum«* dans lequel il est uniquement question des dots des femmes et non des Institutions contractuelles.

D'autres pensent que ces Institutions ont bien été établies par la loi ripuaire, mais qu'elles résultent du Chapitre 7, du Capitulaire 4 et du titre 48 de cette loi. Le premier de ces textes est ainsi conçu : *«Qui filios non habuerit et alium quemlibet heredem facere sibi voluerit coram rege vel comite vel scabinis vel missis dominicis qui tunc ad justitias faciendas in provincia fuerint ordinati traditionem faciant.«* Le second porte : *«Si quis procreationem filiorum vel filiarum non habuerit omnem facultatem suam in præsentia regis sive vir mulieri vel mulier viro seu cuicunque libet de proximis vel extraneis adoptare in hereditatem vel in adfatimi per scripturarum seriem seu per traditionem et testibus adhibitis secundum legem ripuariensem licentiam habeat.«* Cette seconde opinion que nous développerons un peu plus loin, parce que nous la tenons pour la plus fondée, a été vivement critiquée par de Laurière et Merlin.

Ces deux jurisconsultes prétendent que les textes qui précèdent traitent de la forme des adoptions et non pas de celle des Institutions contractuelles. Mais avec cette interprétation, on arrive à dire que, chez les ripuaires, le mari adoptait sa femme, et réciproquement, *«sive vir mulieri vel mulier viro.«* Or une pareille conclusion est évidemment inadmissible, et il faut repousser le système qui y conduit. Il est vrai que nos textes posent une alternative qui répugne à l'Institution contractuelle, quand ils permettent d'instituer un héritier *«per scripturarum seriem seu per traditionem»*. Toutefois nous croyons qu'il n'y a pas lieu de s'arrêter à cette alternative, parce qu'elle devait bientôt disparaître.

Suivant Basnage et quelques autres auteurs, la cause introductive des Institutions contractuelles serait la Constitution 19 de l'Empereur Léon, qui traite des promesses d'égalité entre enfants. Mais cette opinion perd toute la valeur qu'elle pourrait avoir, quand on remarque avec Cujas et de Laurière que les constitutions de Léon le philosophe, n'ont presque pas été observées ni regardées comme lois dans l'Orient, et qu'elles n'ont même été bien lues et bien connues dans l'Occident que longtemps après leur rédaction.

Une quatrième opinion fait dériver les Institutions contractuelles de la loi salique. Elle s'appuie sur un fragment du livre des Fiefs, titre *«de matrimonio ad morganaticam contracto.»* Il est question dans ce fragment d'un veuf qui a un fils d'une femme noble, et épouse en secondes noces une femme moins noble, à la condition qu'elle et ses enfants n'auraient de ses biens que ce qu'il lui en avait donné en l'épousant. Il faut, comme l'observe de Laurière, distinguer deux clauses dans la convention dont il s'agit, la clause relative au douaire de la seconde femme, et celle qui a trait à la portion héréditaire des enfants à naître. Or les mots du texte : *«quod mediolanenses dicunt accipere uxorem morganaticam alibi ex lege salica»* se rapportent bien à la première de ces conventions, mais ils ne concernent nullement la seconde.

Enfin de Laurière enseigne que c'est le droit concédé aux soldats romains de s'instituer contractuellement l'un l'autre qui a donné naissance aux Institutions contractuelles. D'après cet auteur, les interprètes du livre des Fiefs ont cru pouvoir considérer comme soldats les possesseurs de Fiefs qui faisaient aussi profession des armes, et leur accorder, en cette qualité, le droit de se donner des héritiers par contrat. Bientôt on étendit même aux successions ordinaires cette jurisprudence introduite d'abord pour les seules hérédités militaires ou féodales, de telle sorte que l'on en vint insensiblement à dire que toute personne noble ou roturière pouvait disposer irrévocablement de son hoirie, par contrat de mariage. Ce dernier système qui tend à assigner une origine toute romaine aux Institutions contractuelles nous paraît être aussi erroné que les précédents. Si les possesseurs de fiefs se sont, plus que les autres habitants de la Gaule, donné des héritiers par contrat, ce n'est pas parce qu'ils appliquaient une loi exclusivement conçue dans l'intérêt des personnes faisant profession des armes, nullement, ils appliquaient la loi commune, le Chapitre 7 du Capitulaire 4, et le titre 48 de la loi ripuaire que nous avons relaté plus haut, mais c'est parce que les Seigneurs dont ils étaient les vassaux les forçaient à régler d'avance leur succession, dans l'intérêt du fief qu'ils servaient.

Nous croyons donc que l'origine des Institutions contractuelles se trouve dans la loi ripuaire, aux textes que nous venons de rappeller. Toute personne sans exception peut, d'après ces textes, se donner un héritier par contrat. Les termes généraux «*qui filios non habuerit,*» et ceux-ci «*si quis procreationem filiorum vel filiarum non habuerit*» ne laissent pas de doute à cet égard. Les Seigneurs comprirent bientôt quels grands profits ils pouvaient tirer de l'Institution contractuelle appliquée à la transmission des bénéfices. En effet la mort d'un vassal interrompait souvent le service du fief qui lui avait été conféré. Les terres restaient alors sans culture, les fermes étaient abandonnées, et le chef du domaine subissait une notable diminution dans ses revenus périodiques. Pour remédier à ce mal, les Seigneurs imaginèrent de faire régler par chacun de leurs vassaux, avant sa mort, la succession au bénéfice qu'il délaisserait. Voilà donc l'Institution contractuelle presqu'imposée à la classe la plus nombreuse de la population.

Elle devait se faire, aux termes de nos textes, ou bien «*per traditionem*» c'est-à-dire par l'abandon immédiat des biens donnés, ou bien «*per scripturarum seriem*» c'est-à-dire par un écrit, et dans les deux cas il fallait que les parties comparussent devant un magistrat «*coram rege vel comite vel scabinis vel missis dominicis qui tunc ad justitias faciendas in provincia fuerint ordinati.*» Tels furent les rites primitifs de l'Institution contractuelle. Mais elle ne tarda pas à recevoir des formes, et à subir des conditions plus appropriées à sa nature et à son importance.

Le contrat de mariage choisi d'abord librement par les parties, à l'effet de recevoir les mentions d'Institutions contractuelles, fut bientôt regardé par les coutumes comme le seul acte susceptible de contenir ces sortes de dispositions. C'est dans le contrat de mariage de leur héritier présomptif que les possesseurs de fiefs réglaient la transmission des bénéfices. Le grand principe de l'irrévocabilité de l'Institution contractuelle, qui domine aujourd'hui cette matière, fut aussi consacré vers cette époque, ainsi que cela résulte du Chapitre 2, article 4, de la coutume de Liège qui porte : «que promesse de succéder à tous biens à relaisser par le prometteur est valable et doit sortir ses effets, sans que par autre disposition l'on n'y puisse déroger.» Quant au dessaisissement immédiat des biens donnés, aucune coutume ne l'a jamais reproduit.

Cette jurisprudence a été successivement admise par la plupart des coutumes. Nous la trouvons formellement adoptée par celles d'Auvergne, de la Marche et de Nivernai, en 1510, 1521 et 1534. Elle est encore suivie par l'article 1 du titre 5 de l'ancienne coutume de Bourbonnais rédigée en 1493, et par l'article 219 de la nouvelle. Enfin celles d'Anjou, du Maine, de Tourraine, du Lodunois et de Normandie autorisent pareillement les déclarations et reconnaissances d'héritiers qui sont des espèces d'Institutions contractuelles.

Une seule coutume, celle de Berry, s'est éloignée de cette jurisprudence si constante et si universelle. Elle a défendu, dans son titre 8, article 5, les Institutions contractuelles faites par les futurs époux au profit l'un de l'autre, ou en faveur des descendants du mariage. Mais cette divergeance d'idées s'explique, dit Merlin, par la part qu'a prise à la rédaction de cette coutume le Président Liset, grand amateur de droit romain. Au surplus La Thaumassière, dans ses questions sur la coutume de Berry, centurie 1, chapitre 67, nous apprend que cette coutume a toujours été regardée comme contraire au droit commun de la France, et par suite interprétée restrictivement : «*nam quæ contra rationem juris introducta sunt non trahuntur ad consequentias.*» C'est pourquoi dit La Thaumassière comme la coutume ne parle que des Institutions contractuelles faites par les futurs époux au profit l'un de l'autre ou en faveur des descendants du mariage, nous tenons communément que l'Institution d'héritier et convention de succéder en tout ou partie faite au contrat de mariage par personnes étrangères, en faveur des futurs époux, ou des descendants de leur mariage, sont légitimes et valables, soient qu'elles soient faites par les père et mère des futurs époux, ou par leurs parents et amis, parce que cette coutume ne parle que des Institutions faites par les futurs, et partant ne doivent être étendues hors de leur espèce, au préjudice de la coutume générale du royaume.»

Des pays de droit coutumier l'Institution contractuelle pénétra dans les pays de droit écrit, où les Parlements l'accueillirent favorablement, comme le prouvent les questions alphabétiques de Bretonnier.

Elle fut ensuite consacrée par l'article 17 de l'Ordonnance de 1731, et passa de là dans le Code Napoléon.

CHAPITRE Ier.

Notions générales.

Au début de notre sujet nous trouvons une question qui a été beaucoup controversée autrefois, mais sur laquelle on paraît être heureusement d'accord aujourd'hui : Qu'est-ce que l'Institution contractuelle?

Ricard (part. 1. Nº. 1074) et de Laurière (Inst. cout. Ch. 2, Nº 2.) l'assimilent à une donation à cause de mort. D'après ces auteurs, celui qui institue un héritier par contrat de mariage ne donne rien de son vivant, mais seulement après sa mort, car il aime mieux que ce qu'il donne lui appartienne à lui-même qu'à l'institué, et à l'Institué qu'à son héritier légitime. Or c'est là précisément le caractère de la donation à cause de mort. *« Donatio mortis causa est quæ propter mortis fit suspicionem et in summa mortis causa donatio est cum quis magis se velit habere quam eum cui donat et magis eum cui donat quam heredem suum.* (fr. 35. § 2. D. L. 39. T. 6).

Lebrun (Cout. d'Orléans, Nº. 18) et Pothier (Succ. L. 3 Ch. 2. Nº. 6.) la considèrent comme une donation entre vifs. Ils disent : L'Institution contractuelle est irrévocable comme la donation entre vifs. A la vérité elle ne produit son effet qu'à la mort de l'Instituant, mais elle n'en est pas moins une disposition entre vifs, suivant cette note de Dumoulin (art. 291. Cout. de Bourbonnais) *« dispositio statim ligat nec suspenditur et ab ea fit denominatio sed executio habet tractum. »*

Enfin Coquille (Succ. Nivernois. Ch. 27. art. 12.) la tient pour un testament, en se fondant principalement sur cette idée que l'Instituant conserve le droit d'aliéner ultérieurement les biens donnés, et d'anéantir ainsi à son gré l'Institution.

Toutes ces opinions sont erronées parce qu'elles sont

trop absolues. Nous croyons avec Furgole (art. 13 de l'Ord. T. 5 p. 400) et les auteurs contemporains que l'Institution contractuelle est un genre mixte de disposition à titre gratuit, qu'elle a une grande affinité avec la donation et le testament, mais qu'elle n'est ni l'un ni l'autre. D'une part elle diffère de la donation à cause de mort, en ce qu'elle est à certains égards irrévocable du chef de la loi. (Merlin, Rép. N° Inst. cout, § 2.) (Aubry et Rau, § 739, Texte 1°). D'autre part, elle diffère de la donation entre vifs, en ce qu'elle comprend des biens à venir et ne dessaisit pas l'instituant. (Aubry et Rau, loc. cit.). Danty a bien développé ces deux idées en disant: "L'Instituant devient-il plus pauvre après avoir donné? L'Institué se peut-il dire plus riche? Sa fortune ne demeure-t-elle pas en suspens entre les mains de l'Instituant, durant sa vie? Elle ne devient fixe qu'à l'instant de sa mort. Jusque-là spectateur de l'administration de son bienfaiteur, souvent même de ses aliénations et de son repentir, il ne tire aucun avantage de sa prétendue qualité d'héritier. . . . . . Ce que l'Instituant donne d'une main, il le retient de l'autre, ou plutôt il ne le montre que de loin." (Guyot, Rép. Inst. contr. sect. 2). D'autre part enfin, elle diffère du testament, en ce qu'elle ne peut pas être rétractée *ad nutum*.

Le caractère distinctif de l'Institution contractuelle consiste en ce qu'elle a pour objet des biens futurs et ne laisse pas d'être à certains égards irrévocable.

Le législateur en l'établissant a voulu offrir aux personnes qui désirent faire une donation de biens à venir à de futurs époux un genre de disposition également avantageux pour les deux parties, pour celle qui donne et pour celle qui reçoit.

L'Institution contractuelle est donc, comme le dit M. Troplong (N°. 2348) un mélange de certains traits de la donation et du testament, mélange intelligent que les peuples modernes ont senti le besoin de former, afin que les dispositions gratuites en faveur de mariage si utiles et si dignes d'encouragements, ne soient pas trop onéreuses pour les disposants.

Nous la définissons : la disposition de tout ou partie des biens qu'on laissera à son décès faite dans un contrat de mariage, par des père et mère, des parents collatéraux ou même des étrangers, au profit de l'un ou des deux fiancés, et à laquelle le disposant ne peut plus porter atteinte par d'ultérieures aliénations à titre gratuit. (de Laurière, Ch. 1. N° 21.) (C. Limoges, 19 Janvier 1837.).

De Laurière (Ch. 4. N°. 23.) nous apprend que la promesse d'instituer contractuellement insérée dans un contrat de mariage équivalait autrefois à une Institution. Nous croyons que cette solution n'est plus admissible aujourd'hui. En effet le contrat de mariage et les donations qu'il renferme sont des actes que le droit civil a soumis à des formalités sans lesquelles le consentement des parties n'a aucune efficacité. Or l'article 1082 C. N. exige formellement pour la validité de l'Institution contractuelle qu'elle soit faite dans un contrat de mariage. La simple promesse de la faire ultérieurement ne remplit donc pas le vœu de la loi, et doit être réputée non avenue. MM. Delvincourt (T. 2. p. 422.) et Troplong (N°. 2258) sont toutefois d'un avis contraire, et appuient leur opinion sur le texte de l'article 1589 C. N. Mais l'argument d'analogie dont se prévalent ces auteurs nous paraît dénué de toute force ; car la règle que : "Promesse de vente vaut vente" est fondée sur ce que la vente, contrat du droit des gens, tire sa perfection du simple consentement des parties, et nous venons de voir qu'en matière d'Institution contractuelle, le consentement des parties doit, à peine de nullité, être exprimé dans la forme déterminée par la loi (Dalloz, Rep. T. 16, N° 1992).

CHAPITRE II.

Des personnes qui figurent comme parties dans l'Institution contractuelle.

SECTION 1re.

Des Instituants.

Les pères et mères, les ascendants, les parents collatéraux des époux et même les étrangers pourront, par contrat de mariage, disposer de tout ou partie des biens qu'ils laisseront à leur décès (art. 1082 C. N.). Ce texte déclare nettement que toute personne a le droit de faire une Institution contractuelle, mais il ne précise pas la capacité qu'on doit avoir, pour exercer ce droit. Suffit-il d'être capable de tester ? ou bien faut-il être capable de donner entre-vifs ?

Nous pensons, avec presque tous les auteurs, que l'Institution contractuelle suppose chez l'Instituant la capacité la plus étendue de disposer de ses biens, c'est à dire celle qui est requise de la part du donateur. En effet celui qui institue contractuellement aliéne, au moins en partie, les biens qu'il affecte, ou, comme dit Merlin (Guyot, Rep. Inst. cont. sect. 4) «il se prive d'une des facultés les plus précieuses, celle de se choisir un héritier, il se lie les mains au profit de celui qu'il institue, il s'impose une gêne qui peut, dans la suite, lui causer de grands préjudices.» Il n'y a donc pas lieu de croire que le législateur ait permis de faire un pareil acte d'aliénation à une personne qui n'en comprendrait pas toute la gravité (Pothier, Cout. d'Orléans, F. 17).

Ainsi ni le mineur, même âgé de plus de seize ans, ni l'interdit ne peuvent disposer par voie d'Institution contractuelle (Merlin, Rep. 1° Inst. cont. T. 16, p. 4) (Aubry et Rau § 739, texte N° 2, note 15) (Troplong, N° 2368).

Ainsi encore la femme mariée ne peut faire une pareille Institution qu'avec l'autorisation de son mari ou de la justice ; et la personne pourvue d'un conseil judiciaire qu'avec l'assistance de ce conseil.

Grenier (N° 431) critique toutefois cette solution, en ce qui concerne la femme mariée. D'après cet auteur, l'Institution contractuelle n'est pas un acte qui emporte aliénation ou hypothèque, elle n'a trait qu'à la succession de l'Instituant, et partant ne dépouille ce dernier d'aucun droit. Grenier pense donc que la disposition la plus applicable à l'Institution contractuelle est l'art. 905 C. N., aux termes duquel la femme n'a pas besoin d'autorisation pour faire un testament. Mais quoique l'Institution contractuelle tienne par ses effets et son exécution éventuelle de la nature du testament, elle n'en est pas moins une donation irrévocable, et ce caractère doit suffire pour soumettre la femme qui veut instituer contractuellement à la nécessité de l'autorisation (Aubry et Rau, loc. cit.) (Dalloz, Rép. T. 16, N° 2006).

Tout individu sain d'esprit peut par conséquent faire une Institution contractuelle, la loi n'excepte que les incapables dont s'occupe l'art. 1125 C. N. Encore, parmi ces derniers, quelques-uns ont-ils la ressource de se faire relever de leur incapacité, en remplissant les formalités prescrites.

Les futurs époux peuvent s'instituer contractuellement l'un l'autre, aussi bien qu'ils peuvent être institués par des tiers. Cette vérité résulte clairement des termes de l'art. 1093 C. N. qui porte que «la donation de biens à venir faite entre époux par contrat de mariage soit simple, soit réciproque, sera soumise aux règles établies par le chapitre précédent, à l'égard des donations pareilles qui leur seront faites par un tiers».

Et cette faculté qu'ont les futurs époux de disposer de leur succession l'un en faveur de l'autre, n'est pas en contradiction avec la défense qui leur est faite ailleurs de stipuler dans le contrat de mariage «aucune convention ou renonciation dont l'objet serait de changer l'ordre légal des successions» (art. 1389 C. N.). Car l'article 1389 C. N. consacre formellement, dans son dernier alinéa, l'exception que développe notre article 1093.

Toutefois ce dernier texte établit une différence assez importante entre l'Institution contractuelle faite au profit des époux par des tiers, et celle qui est faite par l'un des époux en faveur de l'autre. Dans le premier cas, l'Institution peut s'étendre, et s'étend même de plein droit, sauf convention contraire, aux enfants à naître du mariage, en cas de prédécès de l'époux institué ; dans le second cas, au contraire, les enfants à naître ne bénéficient jamais de l'Institution et le prédécès de leur auteur la rendra toujours caduque. Ce système est fondé sur l'idée éminemment juste que l'enfant retrouvera un jour dans la succession de l'époux donateur les biens qu'il n'a pu recueillir, à titre de donation, par le prédécès de l'époux donataire.

M. Duranton croit avec tous les auteurs (et il est impossible d'en douter en présence de l'article 1993 C. N., *in fine*), que si un époux institue contractuellement son conjoint, l'époux donateur recouvre les biens donnés, en cas de prédécès du donataire, bien qu'il existe des enfants nés du mariage. Mais il pense (IL. N°. 759) que le donateur pourrait au moyen d'une clause formelle, substituer les enfants à naître aux droits du donataire, pour le cas où celui-ci viendrait à prédécéder. Or c'est là une erreur certaine, puisqu'il n'est pas permis d'étendre, par voie d'interprétation, à des hypothèses non prévues, la loi de l'article 1082 C. N. qui est une loi d'exception. En effet, l'article 906 C. N. défend d'une manière générale, de faire des donations à des personnes non encore conçues. L'article 1082 lève ensuite cette prohibition pour les donations faites aux futurs époux par des tiers. Mais aucun article ne la lève pour celles que se font les futurs époux entre-eux. Ces dernières restent donc soumises à la règle de l'article 906 C. N. (Delvincourt, T. 2. Notes, p. 448). (Coin Delisle, art. 1093. N° 4). (Marcadé, art. 1093). (Troplong, 2539).

Quant à l'époque qu'il faut considérer pour apprécier la capacité de l'Instituant, nous croyons que c'est celle de la passation du contrat de mariage, car c'est de ce jour que l'Instituant perd une partie de ses droits sur les biens donnés. Si donc une personne jouissant de toute sa capacité civile fait une Institution contractuelle et meurt ensuite frappée d'une peine afflictive perpétuelle, la disposition qu'elle a faite n'en reste pas moins valable. L'opinion contraire de M. Demante (Thémis, VII. 476, 485) nous surprend beaucoup.

SECTION II.

Des Institués.

La faculté d'instituer contractuellement appartient à toute personne que la loi ne prive pas exceptionnellement de ce droit. L'aptitude à être institué n'appartient au contraire qu'à ceux auxquels la loi accorde expressément cette prérogative, c'est à dire aux futurs époux et aux enfants à naître du mariage (art. 1082. C. N.).

Il a été jugé, conformément à ce principe, que l'Institution contractuelle consentie par le père et la mère dans le contrat de mariage de l'un de leurs enfants, au profit d'un autre qui ne se marie pas, doit être réputée non écrite (C. Limoges, 26 février 1821); et que l'Institution contractuelle n'est autorisée par la loi qu'en faveur des époux et des enfants à naître du mariage, et nullement en faveur d'enfants nés d'un autre mariage (Bruxelles, 27 février 1852).

L'Institution peut se faire au profit de l'un des époux, ou au profit de tous deux. Et en effet si dans le premier alinéa de l'article 1082 C. N. il n'est question que des époux, la pensée du législateur se révèle plus clairement dans le second qui déclare que pareille donation peut s'adresser aux époux ou à l'un d'eux (Marcadé, art. 1082. N° 2).

Bien plus comme la présomption de l'article 1082 C. N., *in fine*, a pour base la volonté supposée de l'Instituant, et tombe devant une déclaration contraire, les époux pourraient même être institués seuls, à l'exclusion de leur postérité. (Fenet. XII. p. 569). (Aubry et Rau § 739, texte N° 2, note 25). (*contra* Coin Delisle. N° 29. 33).

Quant aux enfants à naître du mariage, il n'est pas permis de les instituer en première ligne, *per saltum*, et d'exclure par là les futurs époux. La loi veut que l'Institution soit faite au profit de ces derniers, et, qu'à leur défaut seulement, les descendants soient appelés. Les expressions «dans le cas où le donateur survivrait à l'époux donataire» ne laissent pas de doute à cet égard (art. 1082 C. N.). Cette règle se justifie d'ailleurs par l'excellent motif que du système contraire pourrait résulter une substitution fidéicommissaire. C'est ce qui arriverait, comme l'observe M. Duranton, (p. 425) si celui qui aurait institué les enfants à naître, décédait, sans que l'époux eût d'enfant, mais lorsqu'il pourrait encore en avoir; car, dans ce cas, les héritiers de l'Instituant recueilleraient ses biens, à la charge de les rendre aux enfants institués, s'ils naissent plus tard.

Mais dès que les futurs époux ne peuvent pas profiter de l'Institution, soit parce qu'ils n'ont pas survécu à l'Instituant, soit parce qu'ils ont renoncé à sa succession, soit parce qu'ils ne la reçoivent pas, pour cause d'indignité, les enfants nés du mariage sont substitués à leurs droits. Vainement dirait-on, en interprétant judaïquement la loi, que ces enfants ne sont appelés à bénéficier de l'Institution qu'au cas où leurs père et mère meurent avant l'Instituant. La combinaison des art. 1082, 750, 753, 759, 766 C. N., et la disposition de l'art. 1089 C. N., prouvent, jusqu'à l'évidence, que si le législateur a indiqué spécialement le prédécès de l'Institué comme donnant ouverture aux droits des enfants, il a statué de *eo quod plerumque fit,* sans vouloir limiter à ce cas unique la vocation de ces derniers.

Les enfants à naître recueillent les biens contractuels, soit d'après une clause expresse du contrat de mariage, soit par l'effet de la loi elle-même, et en vertu d'une substitution vulgaire (Aubry et Rau, loc. cit.) (Troplong, N° 2357). Ce principe est hautement proclamé dans un arrêt de la cour de Metz (7 juillet 1824) où il a été décidé que dans les Institutions d'héritier faites par actes entre-vifs et irrévocables, on sous-entend toujours une substitution vulgaire, dont l'effet est de transmettre les droits de l'Institué à ses héritiers directs, dans le cas où il viendrait à mourir avant l'Instituant.

Il résulte de là que c'est *proprio jure*, à titre de donataires, et nullement comme héritiers de leurs père et mère, que ces enfants profitent, le cas échéant, de l'Institution contractuelle. Si par conséquent l'Institué meurt avant l'Instituant, les enfants du premier peuvent, même après avoir renoncé à la succession, recueillir les avantages de l'Institution, en vertu d'un droit personnel. (C. Riom, 15 avril 1809). De même la cession faite par ces enfants de leurs droits successifs dans l'hérédité délaissée par l'Institué ne comprend pas les biens contractuels (Aubry et Rau § 740, Note 9).

Deux auteurs Marcadé (art. 1082, N° 284) et M. Dalloz (rép. T. 16, N° 2029) se refusent cependant à voir une substitution vulgaire dans la vocation des enfants à naître. Mais cette opinion est tout à fait insoutenable en présence des articles 740, 753, 759, 766, 1089. C. N.

L'Instituant n'est pas autorisé à limiter cette substitution à quelques-uns seulement des enfants à naître du mariage, ou à assigner à ces enfants des parts inégales. Notre article, conforme en cela à l'économie générale du Code Napoléon, en matière de transmission de biens, accorde des droits égaux à tous les descendants ; il ne doit pas dès lors appartenir à l'Instituant d'éluder une règle qui paraît être d'ordre public. Au surplus la substitution dont il s'agit n'ayant été admise que par dérogation à l'article 906 C. N., elle doit évidemment s'interpréter d'une manière restrictive (art. 1050, C. N.).

L'Instituant pourrait de reste arriver indirectement à faire un partage inégal de ses biens entre les enfants à naître du mariage, il lui suffirait de stipuler qu'en cas de prédécès de l'Institué, il reprendra ses biens, et de les distribuer ensuite à son gré.

Enfin, puisque la disposition de l'article 1082 C. N. est exorbitante du droit commun, nous croyons que les enfants à naître du mariage et ceux qui seraient légitimés par lui ont seuls la faculté de l'invoquer (art. 333 C. N.). Ni les enfants que l'un ou l'autre des époux aurait procréés dans une précédente union, ni ceux qu'il procréerait dans un subséquent mariage, ni ses enfants naturels reconnus, ni ses enfants adoptifs ne sauraient donc bénéficier d'une Institution contractuelle (Aubry et Rau, § 739, notes 19, 20, 21).

Autrefois les donateurs contractuels imposaient aux futurs époux, par une clause expresse, la charge d'associer telle personne déterminée aux avantages que devait procurer l'Institution. Ils éludaient par là la prohibition d'instituer d'autres personnes que celles qui se mariaient. L'illégalité de ces associations n'était pas douteuse. Mais elles favorisaient les unions entre les familles nobles et ce motif suffit pour les faire admettre par la jurisprudence (rej. 13 prair. an V). (req. 25 janvier 1816).

Il semble bien résulter de là qu'on ne pourrait plus se prévaloir aujourd'hui d'une clause d'association. C'est aussi ce que décident tous les auteurs, à l'exception de Merlin. Ce jurisconsulte (rép : V° Inst. Cont. § 3, N° 9) prétend que la clause d'association ne constitue pas pour celui en faveur de qui elle est stipulée une véritable Institution contractuelle, mais une simple donation à cause de mort, qui, bien qu'irrévocable, en ce que l'Instituant ne peut plus disposer à titre gratuit, au profit de tierces personnes et au préjudice de l'associé, de la part à laquelle celui-ci a

été appellé, est cependant révocable, en ce que l'Instituant peut priver l'associé de cette part, en dégrévant l'Institué de la charge qu'il lui avait imposée. Le savant auteur cherche ainsi à sortir de l'hypothèse embarassante de
l'article 1082 C. N., et à se placer dans celle de l'article
1121 C. N. Mais, comme l'observent très-finement MM.
Aubry et Rau (note 23): «Il s'agit bien moins de savoir s'il
est ou non permis de disposer au profit d'un tiers, dans la
forme déterminée par l'article 1121 C. N., que de savoir
si une pareille disposition qui serait nécessairement valable,
en tant qu'elle porterait sur des biens présents, l'est également
ment lorsqu'elle a pour objet des biens à venir, et qu'elle
a eu lieu hors des cas où la loi permet exceptionnellement
de disposer, par acte entre vifs, de biens de cette espèce».
La question étant ainsi posée, nous répondons : puisque la
clause d'association ne vaut pas comme Institution contractuelle au profit de l'associé, d'après l'avis de Merlin lui-
même, elle ne peut valoir que comme donation à cause de
mort. Or le Code Napoléon n'admet pas de donations de
cette espèce.

Il n'existe plus aujourd'hui que deux genres de dispositions à titre gratuit, et deux formes pour les constater :
la donation entre-vifs qui se fait par l'acte solennel décrit
dans les articles 931 et suivants C. N. et le legs qui résulte du testament (art: 967-1001 C. N.). L'article 893
C. N. qui dit qu'on ne peut disposer de ses biens à titre
gratuit que par donation entre-vifs ou par testament, dans
les formes prescrites, et l'article 711 C. N. qui porte que
la propriété des biens s'acquiert à titre gratuit par succes-

sion et par donation entre-vifs ou testamentaire ne laissent pas de doute à cet égard.

Il en était autrement sous l'ordonnance de 1731 qui, tout en n'admettant que deux formes de disposer de ses biens à titre gratuit, reconnaissait néanmoins plus de deux genres de dispositions. C'est ainsi que sous l'empire de cette loi, la donation à cause de mort se faisait dans la forme des testaments.

Mais en combinant les termes de l'ordonnance de 1731 avec ceux de nos articles 893 et 711 C. N., on voit clairement qu'on ne peut plus aujourd'hui disposer à cause de mort, sous aucune forme. Ce système a aussi été défendu par Jaubert, dans son rapport au tribunat, quand il a dit : "On pourra disposer de ses biens à titre gratuit : Mais ce ne sera que par donation entre-vifs ou par testament. La distinction des dispositions de dernière volonté en testaments, codicilles ou donations à cause de mort ne subsistera plus. On ne reconnaîtra qu'une seule espèce de dispositions de dernière volonté, elles s'appelleront testaments (Locré. Leg : T. 11. p. 436, N° 4). (Aubry et Rau § 644, texte, note 1). (Marcadé art. 893, N° 2).

Mais à qui doit profiter la nullité de la clause d'association ? Aux héritiers *ab intestat* de l'Instituant, ou bien aux Institués ? M. Delvincourt (II. p. 263, 264, 266) se prononce en faveur de ces derniers, par ce motif que l'Institution contractuelle est un titre universel qui absorbe chaque partie, et comprend ainsi la part qui avait été distraite par la clause d'association. Nous admettons, au contraire, l'opinion qui attribue aux héritiers *ab intestat* la portion vacante, car c'est, d'après l'intention des parties, qu'il faut déterminer l'étendue de la disposition principale. Or bien que la clause d'association soit nulle, elle exprime cependant la quotité de biens que l'Instituant a voulu donner aux Institués. «Admettre que l'inefficacité de la clause d'association tourne au profit des Institués, disent MM. Aubry et Rau (note 24), ce serait complétement intervertir les intentions du constituant, surtout dans le cas où les personnes associées à l'Institution seraient en même temps ses héritiers légitimes, puisque, par le fait même d'une association qui avait pour but de leur assurer une partie de l'hérédité de l'Instituant, elles se trouveraient privées de cette même partie, qu'en l'absence de la disposition à leur profit, elles auraient été appelées à recueillir en vertu de la succession.» (Troplong 2362). (Bourges, 19 décembre 1821).

Le Code au surplus, en appelant ici, à défaut des père et mère, les enfants et autres descendants, comme s'il s'agissait d'une succession, entend évidemment appliquer à ce cas des règles analogues à celles des successions, notamment en ce qui touche la représentation.

CHAPITRE III.

Des Biens que peut comprendre l'Institution contractuelle.

Tous les biens que le donateur laissera au jour de son décès peuvent être l'objet d'une Institution contractuelle.

Peu importe qu'ils soient mobiliers ou immobiliers, corporels ou incorporels, qu'ils aient été donnés à titre universel ou à titre particulier. Les termes généraux dont se sert la loi : «tout ou partie des biens« ne nous paraissent comporter aucune exception (art. 1082 C. N.).

MM. Duranton (IX, 676) et Delvincourt (II, p. 422) soutiennent cependant que l'art. 1082 C. N. s'applique seulement aux donations à titre universel. Suivant le premier de ces auteurs, la donation de biens héréditaires à titre particulier constituerait une donation de biens présents, avec réserve d'usufruit. D'après le second, elle équivaudrait à un legs que le donateur ne pourrait plus révoquer par d'ultérieures dispositions à titre gratuit.

Nous convenons que l'Institution contractuelle qui n'a pour objet que des biens à venir, à titre particulier, n'est plus l'Institution telle qu'elle se pratiquait sous l'empire de notre ancienne jurisprudence. Toutefois, parce qu'il fallait autrefois faire une disposition à titre universel, est-ce une raison pour qu'il le faille encore aujourd'hui ? Il est vrai que MM. Duranton et Delvincourt interprètent le mot «Partie« dans le sens de «Partie aliquote«, afin de se rapprocher du texte de la loi. Mais cette solution est inacceptable, car les articles 895, 1048 et suivants prouvent que la libéralité d'une partie de biens s'entend de la libéralité qui a pour objet divers biens à titre particulier, comme de celle qui comprend une partie aliquote.

Dans tous les cas, soit que l'on admette, soit que l'on rejette notre opinion, la conclusion de M. Duranton doit être repoussée, parce qu'aulieu de déclarer nulle la donation à titre particulier, il la convertit arbitrairement en une autre. Quant à celle de M. Delvincourt, il faut la rejeter comme étant tout à fait incompatible avec nos principes en matière de legs (Aubry et Rau, texte 2, note 7) (Marcadé, art. 1072, N° 280).

On peut donc considérer comme une Institution contractuelle la disposition qui consiste en une somme d'argent ou un corps certain à prendre sur la succession du donateur. La mauvaise rédaction d'un contrat de mariage empêchera quelquefois de voir clairement si une personne, en donnant l'un ou l'autre de ces objets, a voulu réellement faire une Institution contractuelle, et non pas une donation entre vifs. Nous ne nous le dissimulons pas. Mais ce ne sera là qu'un point de fait, une interprétation de convention abandonnée à l'interprétation des tribunaux (req. 29 juin 1842).

On peut de même regarder comme une Institution contractuelle la disposition qui porte sur la quotité disponible ou sur une fraction de cette quotité; celle par laquelle un donateur déclare l'un des futurs époux son héritier (de Laurière, chap. 3, N° 29 à 36), ou promet de lui conserver sa part héréditaire (Amiens, 15 décembre 1838); celle qui est plus particulièrement connue dans la jurisprudence sous le nom de, promesse d'égalité, assurance de part héréditaire, ou réserve à succession.

Cette disposition a pour objet de garantir à l'Institué une part égale à celle de ses frères et sœurs dans la succession de l'Instituant. Elle vaut par conséquent Institution contractuelle d'une part héréditaire en faveur du futur époux, par rapport à ses frères et sœurs. MM. Championnière et Rigaud (Traité des droits d'enregistrement IV, 2951) contestent ce point, à l'aide d'arguments d'une étrange faiblesse. Ils se fondent d'abord sur un passage d'Espiard, l'annotateur de Lebrun, d'après lequel la promesse d'égalité constituerait un pacte de famille, et non une Institution contractuelle (Lebrun, L. 3, chap. 2, N° 12). Mais il est évident qu'on ne peut, en présence des art. 791 et 1130 C. N., valider la promesse d'égalité comme pacte successoire. Force est donc de la maintenir comme Institution contractuelle. Ils se prévalent ensuite d'un arrêt de la cour de cassation, du 15 décembre 1818. Cette décision consacre le droit qu'a l'auteur de la promesse d'égalité de disposer encore de toute sa quotité disponible, au profit d'un étranger, après que la promesse a été faite : Elle est donc complétement étrangère au point discuté. Enfin ils s'appuient sur cette idée que la promesse d'égalité n'enlève pas à son auteur la faculté de disposer à titre gratuit en faveur d'étrangers. Ce dernier argument n'a pas plus de valeur que les autres, car bien que la promesse laisse à celui qui l'a faite le droit de disposer à titre gratuit au profit d'étrangers, elle l'empêche de disposer de la sorte en faveur des frères et sœurs de l'Institué (Aubry et Rau, texte 5°, note 96).

Au contraire on ne saurait considérer comme une Institution contractuelle la clause par laquelle le donataire par préciput de biens présents est appelé à partager le surplus du patrimoine du donateur avec les autres héritiers, après prélèvement des biens donnés (req. 19 novembre 1834);

ni celle par laquelle le donataire en avancement d'hoirie est chargé de rapporter les biens donnés à la masse de la succession du donateur, pour partager ensuite cette succession avec les autres héritiers et y prendre sa part (req. 3 janvier 1843). Le donateur a simplement voulu, par la première de ces clauses, dispenser le donataire de l'obligation du rapport; et, par la seconde, lui imposer cette obligation.

Les immeubles dotaux de la femme mariée sous le régime dotal ne peuvent non plus être l'objet d'une Institution contractuelle. Car l'article 1554 C. N. dit expressément que l'immeuble dotal n'est susceptible d'être aliéné, pendant le mariage, ni par le mari, ni par la femme, ni par les deux époux conjointement.

Cependant plusieurs auteurs se fondent sur ce même texte pour soutenir l'opinion contraire. L'Institution contractuelle, disent-ils, n'empêche pas que l'on ne puisse encore disposer à titre onéreux des biens donnés. Or si l'Instituant garde ce droit, il n'a pas fait un acte d'aliénation, et, partant l'art. 1554 ne lui est pas opposable (Delvincourt II, p. 423) (Duranton IX, 724) (Troplong IV, 3272).

Mais à cette argumentation il y a une chose bien simple à répondre : c'est que toute restriction portée au droit de propriété constitue un acte d'aliénation, d'après notre article, et que l'Instituant qui perd, du jour de l'Institution, la faculté de disposer à titre gratuit des biens donnés, subit une restriction de ce genre. En effet, s'il était permis à la femme mariée sous le régime dotal de disposer de ses immeubles dotaux, par voie d'Institution contractuelle, et

qu'elle en disposât, elle s'enlèverait la faculté de doter ses
enfants, à l'aide de ces mêmes immeubles, faculté que lui
réserve l'art. 1556 C. N.

Il est donc bien établi que la renonciation au droit de
disposer de ses biens à titre gratuit constitue un acte d'a-
liénation prohibé par l'art. 1554 C. N.

Et qu'on ne réplique pas en disant qu'une constitution
de dot en faveur des enfants serait moins une donation
qu'un acte à titre onéreux que la femme pourrait toujours
faire malgré l'Institution contractuelle. Cette autre argumentation se fonderait encore sur les idées les plus fausses.
La constitution de dot n'est, au regard du constituant,
qu'une pure libéralité. Il aliéne, en effet, purement à titre
gratuit, puisqu'il ne reçoit aucun équivalent pécuniaire en
retour des biens dont il s'appauvrit. Aussi la dot est-elle,
quant à lui et à ses héritiers, partout régie comme une donation ordinaire. Ainsi elle est réductible, si elle dépasse la
quotité disponible; rapportable, si la personne qui l'a reçue
succède au constituant; révocable pour cause de survenance
d'enfant, quand le constituant n'en avait pas au moment
de la constitution; nulle, quand elle est constituée au profit
d'un individu incapable de recevoir du constituant à titre
gratuit.

Toute donation de biens à venir faite en conformité de
l'art. 1082 C. N. équivaut à une Institution contractuelle,
quelle que soit la qualification que les parties lui aient don-
née. Nous appliquerons ce principe, par exemple, au cas
où quelqu'un donnerait sa quotité disponible à l'un des
futurs époux, et au cas où quelqu'un, déguisant une libéra-

lité sous les apparences d'une reconnaissance de dette, se poserait comme débiteur de l'un des fiancés, et lui assignerait une somme d'argent à prendre en paiement dans sa succession (Droit, 6 décembre 1860) (contra Bourges, 2 mars 1807. Metz, 3 décembre 1812. Paris 15 février 1822).

CHAPITRE IV.

De la forme de l'Institution contractuelle.

L'art. 1082 C. N., en autorisant l'Institution contractuelle, déroge à l'art. 943 C. N. qui défend les donations de biens à venir, et à l'art. 1130 C. N. qui prohibe toute convention sur succession future. Nous sommes ainsi placés devant une loi d'exception dont il faut interpréter scrupuleusement les termes. Or notre article dit formellement : «Les pères et mères, les autres ascendants, les parents collatéraux des époux et même les étrangers pourront, par contrat de mariage, disposer de tout ou partie des biens qu'ils laisseront au jour de leur décès,» force est donc de décider que le contrat de mariage est le seul acte susceptible de contenir une Institution contractuelle.

Cette interprétation peut paraître rigoureuse. Mais le texte de la loi nous l'impose. Du reste si l'on songe bien aux priviléges qu'offre l'Institution contractuelle, on pardonne volontiers au législateur de s'être montré sévère, en exigeant qu'elle soit consignée dans un contrat de mariage.

Bien plus, il ne suffit pas à la validité de l'Institution

que l'Instituant la fasse dans un contrat de mariage quelconque, dans celui de l'Institué ou dans celui d'un tiers,
au choix. Il faut qu'elle soit insérée dans le contrat de l'é-
poux institué. Il a été jugé, conformément à ce principe,
que l'Institution contractuelle consentie par le père et la
mère, dans le contrat de mariage de l'un de leurs enfants,
au profit d'un autre qui ne se marie pas, doit être réputée
non écrite (Limoges, 26 février 1821).

Quelque précis que soient les termes de l'art. 1082 C.
N., MM. Toullier (N° 580) et Vazeille (art. 1082, N° 2)
enseignent pourtant qu'il est permis de faire une Institution
contractuelle dans tout acte authentique distinct du contrat
de mariage, pourvu qu'il soit antérieur à la célébration du
mariage. Ces auteurs invoquent surtout à l'appui de leur
opinion des motifs fondés sur la raison naturelle et sur l'é-
quité. Pourquoi poser des restrictions à une faculté qui a
pour objet de favoriser le mariage? disent ces auteurs.
Nous répondons avec M. Coin Delisle (N° 13) que la raison
naturelle et l'équité sont de mauvais guides pour décider
de la validité d'une Institution contractuelle qui, en enri-
chissant une famille, en dépouille une autre. Ensuite, et
en thèse générale, quelque respect que mérite l'équité, il
faut savoir l'écarter, chaque fois que la loi le commande.
«Il ne faut pas mettre sa raison et son équité au-dessus du
droit; la loi, tant qu'elle existe, doit être respectée; il ne
peut y avoir pour le juge d'équité plus équitable, de raison
plus forte, que l'équité ou la raison de la loi» (Mourlon,
repétit, 2ᵐᵉ examen, p. 84). Or, dans cette occasion, la
volonté de la loi n'est pas douteuse.

La contre-lettre rédigée conformément aux art. 1396 et 1397 C. N., ayant la même valeur que le contrat de mariage, pourrait évidemment contenir une Institution d'héritier valable.

On ne saurait non plus critiquer un contrat de mariage qui renfermerait plusieurs Institutions contractuelles faites conjointement par différentes personnes. Ces Institutions étant irrévocables, le motif sur lequel est fondé l'art. 968 C. N. cesse de pouvoir être invoqué.

Enfin il n'y a pas de doute que les art. 939 et 940 C. N. ne s'appliquent pas ici. En effet la transcription serait d'une part inutile à l'Institué, puisque l'Instituant peut ultérieurement hypothéquer ou vendre les biens donnés, et, d'autre part, même irréalisable, puisque ce ne sont pas les immeubles actuels qui appartiennent à l'Institué, mais ceux-là seulement qui existeront au décès de l'Instituant. Où se ferait dès-lors la transcription? (Pau, 2 janvier 1827).

Il est tout aussi impossible de dresser un état estimatif des meubles, car cet état ne pourrait comprendre que les effets existants au jour de l'Institution ; or ce ne sont pas ceux-là qui ont été donnés (Aubry et Rau, § 743, note 9) (Paris, 29 août 1839).

Comme toute autre donation, l'Institution contractuelle peut s'opérer par mandataires. Mais il faut, dans ce cas, que la procuration soit passée devant notaire. L'autorisation de consentir une Institution accordée par un mari à sa femme doit également être revêtue de la forme authentique (req. 1er décembre 1746).

CHAPITRE V.

De l'époque à laquelle s'ouvre l'Institution contractuelle.

Les droits auxquels l'Institution contractuelle donnent naissance s'ouvrent ou bien, *ipso jure* et définitivement, à la mort de l'Instituant; ou bien par l'effet d'un jugement, et provisoirement, en cas d'absence de celui-ci.

A la mort de l'Instituant, deux hypothèses peuvent se présenter : la première est celle où l'Institué est apte à hériter lui-même ; il prend alors les biens, pour les transmettre plus tard, avec son propre patrimoine, à ses enfants. Ceux-ci ne recueilleront donc le bénéfice de l'Institution que *jure transmissionis*, et en acceptant la succession de leur auteur. Ils ne seraient dispensés de cette acceptation, que dans le cas où ils auraient été appelés expressément aux biens, dans la forme d'une substitution fidéicommissaire autorisée. (Art. 1048, 1049 C. N.). (Duranton, N°. 680).

La seconde hypothèse est celle où l'Instituant ne peut pas venir en personne à la succession, soit parce qu'il est prédécédé, soit parce qu'il est devenu incapable de recevoir, soit parce qu'il est absent. Ses enfants recueilleront ici les biens contractuels, en vertu de la substitution légale dont nous avons déjà parlé, ou par suite d'un envoi en possession provisoire (art. 135 C. N.) (Troplong, N°. 2495).

En cas d'absence de l'Instituant, l'Institué pourra aussi, après le jugement déclaratif d'absence, se faire envoyer en possession provisoire des biens (art. 120 C. N.) (Troplong N°. 2493).

CHAPITRE VI.

Des effets de l'Institution contractuelle.

SECTION Ire.

De ses effets à l'égard de l'Instituant.

Dans les pays de droit écrit, les jurisconsultes assimilaient généralement l'Institution contractuelle à une donation universelle entre vifs, et décidaient, en conséquence, que l'Instituant ne pouvait plus disposer d'aucun des biens donnés (de Laurière, chap. 4. N°. 8).

Cette assimilation était repoussée au contraire dans les pays de droit coutumier, où tous les auteurs reconnaissaient à l'Instituant la faculté d'aliéner encore à titre onéreux et même, dans une certaine limite, à titre gratuit les biens contractuels (Pothier, Introd. au titre 7. Cout. d'Orléans, N°. 26). Voici comment s'exprimait entre autres Loysel (Inst. cout. L. 2. T. 4.). «Reconnaissance générale du principal héritier, disait-il, n'empêche qu'on ne puisse s'aider de son bien, ains seulement qu'on n'avantage un autre au préjudice du marié, des biens qu'on avait alors.» Ce système le plus favorable à l'Institution contractuelle et le plus conforme à son esprit a aussi été consacré par le Code Napoléon (art. 1083).

Aujourd'hui, l'Instituant conserve, jusqu'à son décès, la propriété de tous ses biens présents et futurs, et l'Institué obtient seulement le droit irrévocable de lui succéder un jour. Mais cette propriété a cessé d'être pleine et entière, puisque l'Instituant a perdu, en partie du moins, le droit de disposer à titre gratuit. Ce dernier peut donc, après l'Institution, comme auparavant, vendre ses immeubles, les grever d'hypothèques ou de servitudes, les aliéner moyennant une rente viagère ou perpétuelle, au profit de toute personne, fût-ce à un héritier en ligne directe. Il peut de même renoncer à des prescriptions acquises.

Toutefois, en déclarant que ces actes sont valables, nous supposons bien entendu qu'ils sont faits de bonne foi et sans fraude. Ainsi les tribunaux devraient annuler un contrat qui, sous la forme d'une vente, cacherait une donation prohibée; car il n'est pas permis de faire indirectement ce que la loi défend (Coin Delisle, art. 943. N° 7) (Riom, 4 mai 1819). (Bruxelles, 18 février 1822).

On s'est demandé si l'Instituant pouvait renoncer dans le contrat de mariage, à la faculté d'aliéner ses biens à titre onéreux. Nous ne le pensons pas. Une pareille renonciation serait nulle, aux termes des art. 791 et 1130 C. N. Mais rien n'empêcherait de considérer, dans ce cas, l'Institution comme une donation de biens présents et futurs, et de restreindre aux biens présents l'effet de la renonciation (Coin Delisle, art. 1083, N° 5) (Marcadé, art. 1083).

Au surplus, c'est seulement la renonciation faite d'une manière absolue au droit d'aliéner à titre onéreux qui est interdite à l'Instituant. La cour de Toulouse (18 janvier 1820) a donc bien jugé, en décidant que la clause d'après laquelle l'Instituant renonce à vendre les biens contractuels, sans le consentement de l'Institué, n'est contraire ni aux lois, ni aux bonnes mœurs (Troplong, N° 2349).

Quant à la faculté de disposer à titre gratuit, le Code a suivi l'ancienne règle de Dumoulin : «*non impeditur quædam particularia legare, manente institutione in sua quota*» (Comment. art. 222, Cout. Bourbonnais). L'Instituant est incapable de faire, au regard de l'Institué, aucune libéralité dont l'exécution porterait atteinte à l'Institution. Mais, par exception, il garde le droit de disposer, à titre particulier, de sommes modiques. Il résulte de là, que les juges appelés à se prononcer sur la validité d'une donation dénoncée comme excessive, doivent l'annuler pour le tout, si elle comprend une universalité, et la réduire seulement dans de justes limites, en tenant compte de l'intention et de la fortune du donateur, si elle a pour objet une libéralité à titre particulier. La loi, comme le prouvent les mots : «à titre de récompense ou autrement» qui terminent l'art. 1083 C. N., ne limite pas les causes pour lesquelles l'Instituant peut disposer de sommes modiques. Ainsi, qu'il donne à titre de récompense, ou pour rendre service, ou pour faire l'aumône, ou pour tout autre motif, sa donation sera toujours valable, pourvu qu'il ait agi de bonne foi.

Lorsque l'Instituant se réserve la faculté de disposer à titre gratuit d'une chose particulière, ou même d'une quote-part de l'hérédité, il peut évidemment en disposer au préjudice de l'Institué, quelle que soit l'importance de la réserve. C'est une condition de la donation à laquelle l'Institué a consenti. Mais par contre si la réserve est modique, l'Instituant ne peut disposer de rien au-delà, quelle que soit la modicité (Grenier, N° 414) (Cassat. 7 juin 1808). Il résulte même de l'arrêt précité que lorsqu'il y a eu donation de biens équivalant à la réserve faite par l'Instituant, et vente de tous les autres biens, de manière que l'Institution soit devenue stérile, l'Institué n'est pas admis à dire que c'est dans la donation que se trouve le préjudice porté à l'Institution. Et il faut décider de même, bien que la donation ait suivi les ventes (Duranton N° 715).

Si l'Instituant meurt sans avoir disposé des biens, qu'il s'est réservés, il faut, pour apprécier le sort de ces biens, voir si l'Instituant a voulu les exclure de l'Institution, ou s'il a eu l'intention de les y laisser : dans le premier cas, les biens reviennent aux héritiers *ab intestat ;* dans le second, ils passent à l'Institué (art. 1086 C. N.). (Troplong N° 2351).

Ce droit de réserve favorisant beaucoup l'Institution contractuelle, les tribunaux rempliront le vœu de la loi, en l'interprétant avec une grande équité. C'est ce qu'a fait la cour de Riom (27 février 1824), quand elle a autorisé un Instituant de bonne foi à donner en place d'un bien réservé, un autre bien d'égale valeur. (Troplong N° 2352).

L'Institué peut-il revendiquer entre les mains des tiers acquéreurs les biens dont l'Instituant a disposé contrairement à la loi ? Cette question se résout par une distinction. Quand il s'agit de meubles, et que le tiers acquéreur oppose sa possession à l'action en revendication de l'Institué, celui-ci est tenu de subir l'aliénation quelqu'onéreuse qu'elle soit (art. 2279 C. N.). Quand il s'agit au contraire d'immeubles, l'Institué est fondé à les réclamer partout où il les trouve. Autrement les prescriptions de la loi seraient facilement éludées, puisqu'en cas d'insolvabilité de l'Instituant, le recours contre lui ne produirait aucun effet (Delvincourt p. 428).

SECTION II.

De ses effets à l'égard de l'Institué.

Il est difficile de déterminer, d'une manière précise, la nature du droit qui compète à l'Institué, pendant la vie de l'Instituant. Faut-il dire que l'Institué obtient tout au plus par le fait de l'Institution, l'espérance de succéder un jour à l'Instituant? ou faut-il dire au contraire que l'Institué jouit, dès avant la mort de l'Instituant, d'un droit de propriété sur les biens de ce dernier ?

L'un et l'autre de ces systèmes sont défendus par un grand nombre d'auteurs. Ainsi Toullier (V. 835) et Favard de Langlade (rép. V° Inst. Cont. N° 2) enseignent que l'institué n'a aucun droit actuel, et ne lui reconnaissent qu'une espérance d'hériter un jour l'Instituant.

MM. Duranton (VI, N° 49) et Demolombe (I, N° 201) n'accordent également qu'une simple espérance à l'Institué, en ajoutant toutefois que cette espérance constitue un droit tel quel, expressions quelque peu obscures.

En sens inverse, Chabot (succ. art. 720 N° 7) soutient que l'Institué est saisi de son droit, dès le moment de l'Institution, sauf résolution en cas de survie de l'Instituant.

Ces deux opinions extrêmes nous paraissent être l'une et l'autre erronées, la première, parce qu'elle tient trop peu de compte de la défense faite à l'Instituant d'aliéner ses biens à titre gratuit, la seconde, parce qu'elle présume trop de cette prohibition.

Nous croyons avec MM. Aubry et Rau (§ 739 note 54) que l'Institué a, relativement à la succession de l'Instituant, un droit irrévocablement acquis, c'est-à-dire plus qu'une espérance et moins qu'un droit de propriété actuel. En effet ni la volonté du législateur, ni celle de l'Instituant, en tant du moins que celui-ci voudrait disposer à titre gratuit des biens donnés, ne peuvent plus enlever à l'Institué le droit que lui a conféré l'Institution. Ce droit est même plus assuré que celui des enfants sur les biens paternels, puisqu'un père peut frustrer ces derniers d'une partie de leur patrimoine, en le donnant par acte entre vifs ou testamentaire, dans les limites de la quotité disponible, et que pareille liberté n'est pas accordée à l'Instituant vis-à-vis de l'Institué. Mais quelqu'irrévocable qu'il soit, le droit de l'Institué ne constitue évidemment qu'un droit successif dont l'objet n'existera qu'au décès de l'Instituant. Le droit de l'Institué consiste donc en un droit de propriété, lequel ne porte toutefois que sur des biens futurs. En un mot, l'Institué a sur la succession de l'Instituant un droit irrévocable ; mais il ne devient propriétaire des biens qui composeront cette succession qu'au jour du décès de l'Instituant. C'est assurément cette idée que Jaubert a voulu exprimer devant le tribunat, en disant : «Il faut distinguer (dans l'Institution contractuelle) le titre et l'émolument: Le titre est irrévocable.....Mais quant à l'émolument, il ne pourra être véritablement connu qu'au décès» (Locré Lég. XI p. 484, N° 83). (Grenier II.411). (C. Limoges, 19 janvier 1835).

L'Institué ayant, du jour de l'Institution, un droit acquis sur la succession de l'Instituant, MM. Aubry et Rau
(loc. cit.) en concluent qu'il pourra, du vivant de ce dernier, céder son droit, ou renoncer à l'exercer au détriment d'un tiers intéressé à accepter une pareille renonciation. Mais cette doctrine ne nous paraît pas admissible en
présence des articles 791, 1130 et 1600 C. N.

Il est bien vrai que ces articles ne prohibent que l'aliénation des droits éventuels qu'on peut avoir sur la succession d'une personne vivante. Nous sommes sur ce point
d'accord avec MM. Aubry et Rau. Mais voyons si, d'après
l'esprit et la lettre de nos articles, il ne faut pas entendre
les termes «droits éventuels» dans un sens plus large que
ne le font nos professeurs.

Notre droit coutumier autorisait formellement les pactes
sur succession future, et l'on sait l'usage qui fut fait de
cette législation complaisante. Il était rare que le père per-
mît à sa fille de se marier, sans exiger d'abord qu'elle re-
nonçât, en faveur de son frère aîné, aux successions de ses
parents (Loysel. Inst. Cout. L. 2, p. 5, § 341).

Quelques coutumes avaient même posé en principe, que
la seule acceptation de dot par la fille «cette dot ne consistât-elle qu'en un simple chapel de roses» contenait une
renonciation tacite suffisante (Lebrun Succ. L. 3, Ch. 8,
Sect. 1, N° 33).

Les législateurs de 1804 se souvinrent de ces abus, et
défendirent par des dispositions géminées, tous traités sur
succession future.

Si les rédacteurs du Code Napoléon ont écrit les articles

791, 1130 et 1600 dans le même esprit qui animait l'Empereur Justinien, quand il a dit: *«nobis omnes hujusmodi pactiones odiosœ esse videntur et plenœ tristissimi et periculosi eventus»* (L. 30, C. L. 2. T. 3) peut-on bien se refuser à voir un pacte sur succession future dans la cession ou la renonciation que l'Institué fait de son droit?

Qui niera que l'arrangement intervenu entre l'Institué et un donataire de biens présents, ou un donataire de biens à venir gratifié par l'Instituant postérieurement à l'Institution, n'est pas un pacte sur hérédité non ouverte, aussi bien que le traité conclu entre un héritier présomptif et son parent? Nos textes ne distinguent pas entre le titre et l'émolument d'un contrat: ou plutôt ils négligent le titre, pour ne s'occuper que de l'émolument. Du reste l'héritier réservataire a, lui aussi, plus qu'un droit éventuel sur la succession à laquelle il est appelé, et personne n'osera jamais l'élever au-dessus de la règle de nos articles 791, 1130 et 1600, C. N.

Enfin la lettre de ces articles est, comme leur esprit, favorable à notre interprétation, car ils se servent indifféremment des mots: «droits éventuels», «choses futures» et «succession non ouverte.»

Nous croyons donc que l'Institué ne peut, du vivant de l'Instituant, faire aucun acte de disposition qui atteigne directement ou indirectement la succession de ce dernier. Que cet acte porte sur le droit de l'Institué envisagé d'une manière abstraite, ou sur les biens à recueillir en vertu de ce droit; qu'il soit fait en faveur d'un donataire de biens présents, d'un donataire de biens à venir, d'un héritier *ab intestat* de l'Instituant, ou au profit de l'Instituant lui-même, peu importe, l'acte sera nul dans tous les cas, comme traitant d'une succession future.

Il a été jugé, dans ce sens, que le bénéfice d'une Institution contractuelle ne peut, avant l'ouverture de la succession de l'Instituant, être l'objet d'un pacte qui attribue à l'Institué, moyennant sa renonciation, une portion déterminée des biens présents de l'Instituant, en échange des droits éventuels et indéterminés résultant de l'Institution (rej: 16 août 1841).

Il faut décider, d'après les mêmes principes, que l'Institué ne peut pas valablement approuver, du vivant de l'Instituant, les libéralités excessives faites par ce dernier. Dans l'ancien droit, on considérait également comme nul cet assentiment prématuré de l'Institué (Chabrol, Cout. d'Auvergne. Ch. 14. art. 26 sect. 7).

Cependant des arrêts se sont fondés sur le consentement de l'Institué exprimé du vivant de l'Instituant, pour valider : 1° une Institution nouvelle faite par celui-ci au profit de sa petite-fille, dans un contrat de mariage (Bourges 29 août 1832). 2° la disposition contractuelle au profit de la fille de l'Institué d'une somme plus forte que celle dont l'Instituant s'était réservé de disposer (Riom, 8 novembre 1815).

Mais ces solutions ne sont pas seulement contraires à la loi, elles sont aussi et surtout très inconséquentes, Car, si l'Institué pouvait, par des renonciations anticipées, valider toutes les libéralités qu'il plairait à l'Instituant de faire, celui-ci aurait un moyen bien simple de revenir indirectement sur l'Institution elle-même, puisqu'il lui suffirait de menacer l'Institué de toutes les aliénations permises, pour que ce dernier passât par ses conditions, même les plus onéreuses. Que deviendrait alors le principe de l'irrévocabilité de l'Institution contractuelle? C'est donc le cas d'appliquer la maxime de Dumoulin : *«Consensus heredis vivo testatorè videtur extortus et non valet.»* (Comment. Cout. d'Auvergne. T. 12, art. 53).

L'opinion que nous défendons ici prévaut au reste dans la doctrine et dans la Jurisprudence. (Toullier, T. 12, N° 16). (Duranton, T. 6, N° 49). (Troplong, N° 2355). (Dalloz, Inst. Cont. N° 2099).

Puisque l'Institué ne peut, du vivant de l'Instituant, faire aucun acte de disposition relativement aux biens contractuels, il est évident que ses créanciers personnels sont aussi tenus d'attendre le décès de l'Instituant, pour saisir ces biens, ou prendre sur eux des inscriptions utiles (Bordeaux, 22 février 1827).

Mais la femme de l'Institué ne peut-elle pas au moins revendiquer sur ces biens un droit d'hypothèque pour sa dot et ses conventions matrimoniales? Non certes : car l'article 952 C. N. contient une disposition toute exceptionnelle qui ne doit pas être étendue au delà de ses termes (Grenier, II, 424).

Bien plus, l'Institué n'est pas même apte à prendre, avant le décès de l'Instituant, des mesures conservatoires par rapport aux biens donnés. Ainsi, bien qu'un tiers fût sur le point d'usucaper un bien contractuel, l'Institué n'aurait pas qualité pour interrompre la prescription, de son chef. Et l'on invoquerait en vain l'article 1180 C. N. pour soutenir l'idée contraire. Cet article se fonde en effet sur le principe de la rétroactivité des conditions, principe qui n'est pas applicable à une donation de biens à venir et héréditaires (Aubry et Rau, note 63).

A plus forte raison, l'Institué n'a-t-il pas le droit de demander, du vivant de l'Instituant, l'annulation des libéralités excessives faites par celui-ci.

En règle générale, tant que la succession de l'Instituant n'est pas ouverte, le droit de l'Institué dort sur sa tête, à peu près comme le droit de réserve dort sur la tête de l'héritier conservataire, pendant la vie de son parent.

L'Instituant décédé, l'Institué devient de plein droit propriétaire des biens composant l'Institution. Il a le choix alors ou de rendre son titre d'héritier irrévocable, en acceptant la succession purement et simplement, ou sous bénéfice d'inventaire; ou bien de le déposer, en y renonçant. Cette faculté de répudier l'Institution, lui compéterait même au cas où il l'aurait formellement acceptée par le contrat de mariage (art. 1085, 1087 C. N.) (Toullier, v. 595).

Cependant il s'en faut que tous les auteurs reconnaissent à l'Institué le droit de n'accepter que bénéficiairement la succession de l'Instituant.

On objecte d'abord que ce droit appartient à l'héritier seul, et que l'Institution contractuelle, au lieu d'être une Institution d'héritier comme autrefois, n'est plus qu'une donation. Mais cet argument ne prouve rien, car, si le Code Napoléon a retiré à la disposition dont s'agit son an-

cien nom, il lui a laissé la plupart de ses règles. Or l'héritier contractuel pouvait accepter bénéficiairement. D'ailleurs pourquoi la loi priverait-elle l'Institué de ce droit? Il
mérite les mêmes faveurs que l'héritier ordinaire. Il ne
cause aucun préjudice aux créanciers du défunt, en n'acceptant que bénéficiairement la succession. On objecte
ensuite que l'Institué a contracté l'obligation d'acquitter
toutes les dettes du donateur, et que ce serait lui permettre
de revenir sur la loi du contrat, que de l'autoriser à faire
une acceptation bénéficiaire. Ce second argument est encore plus faible que le premier. En effet, s'il était fondé, il
en résulterait que l'Institué ne pourrait pas même répudier
la succession de l'Instituant. Or personne ne lui a jamais
contesté ce droit. Bien plus, nous croyons que l'Institué
serait sans qualité pour renoncer, dans le contrat de mariage, à la faculté d'accepter sous bénéfice d'inventaire.
Etenim privatorum conventio juri communi non derogat
(L. 45, D. de reg. juris.) (Furgole, Test. chap. 10, sect.
3, N° 79) (Pothier, Succ. chap. 3, art. 2, § 2) (Chabot,
Succ. art. 774, N° 14) (Duranton, T. 9, N° 721).

Il jouit aussi de la saisine héréditaire, mais seulement
dans l'hypothèse prévue par l'art. 1006 C. N., c'est à dire
quand l'Institution est universelle, et qu'il n'existe pas d'héritiers à réserve. Dans tout autre cas elle lui fait défaut.

L'opinion de Chabot (art. 774, N° 14) et de Merlin
(rép. V° Inst. Contr. § 10, N° 2, § 11, N° 2) qui accordent
la saisine héréditaire à tout donataire de biens à venir, est
contraire et au texte et à l'esprit des art. 724 et 1006
C. N. Sans doute chaque Institué est saisi de son droit par

l'effet du contrat qui est intervenu entre lui et l'Instituant. Mais cette saisine est purement conventionnelle, et n'a aucun rapport avec la saisine héréditaire.

Toutefois alors même qu'il est privé de cette saisine, l'Institué n'a pas besoin de former une demande en délivrance, pour pouvoir intenter contre des héritiers ou contre des tiers, les actions possessoires ou pétitoires relatives aux biens contractuels, ou pour avoir droit aux fruits et revenus de ces biens. "C'est par là, dit M. Troplong (N° 2367), "que l'Institué diffère du légataire. Le contrat dans lequel "il puise la source de son droit lui procure un investisse- "ment conventionnel, lequel ne s'attache pas aux effets na- "turels du testament. Le légataire qui n'a pas contracté "avec le défunt doit fortifier, par le concours des héritiers "légitimes, un titre qui n'est encore qu'unilatéral. Mais l'Ins- "titué contractuel a pactisé avec l'Instituant. Il y a un lien "synallagmatique. Il ne reste plus rien à faire pour que la "libéralité soit de plein droit opposable à la succession" (Trib. de la Seine, 27 février 1833) (contra Duranton IX, 719. 720). Que l'Institution soit donc universelle, ou à titre universel, ou à titre particulier, l'Institué jouit de tous les droits de propriété et de possession que comporte sa portion héréditaire, du jour de l'ouverture de la succession *ipso jure*, et sans aucune demande préalable. Une seule hypothèse est exceptée, celle où l'Institué ne doit prendre qu'une somme fixe sur les biens de l'hérédité; il est soumis alors, comme un créancier ordinaire, à la règle de l'art. 1155 C. N.

Quant aux dettes et charges de la succession, l'Institué

est tenu de les payer dans les mêmes proportions que le légataire. Ainsi l'Institué universel qui ne concourt avec aucun héritier à réserve doit personnellement, et *ultra vires*, toutes les dettes et charges de la succession. L'Institué universel qui concourt avec des héritiers à réserve, et l'Institué à titre universel ne doivent personnellement que contribuer au paiement des dettes et charges héréditaires, dans la proportion de leur part. Enfin l'Institué à titre particulier n'est jamais soumis à aucune obligation personnelle en ce qui concerne ce paiement (Aubry et Rau, texte 5) (art. 1024 C. N.).

Nous venons de décider que l'Institué est tantôt tenu *ultra vires*, et tantôt seulement *pro commodo* des dettes de la succession contractuelle. Nous rejetons, par conséquent, et l'opinion de Marcadé (art. 1082), d'après lequel l'Institué ne doit jamais contribuer au paiement des dettes que jusqu'à concurrence de son émolument, et celle de Merlin (loc. cit.) et de Chabot (loc. cit.), qui soutiennent dans un système contraire, que l'Institué même à titre universel est tenu d'acquitter *ultra vires* les dettes de l'Instituant. La solution proposée par Marcadé se fonde sur l'idée fausse que l'Institué ne peut plus être assimilé à un héritier; celle de Merlin et de Chabot est une conséquence de l'erreur où sont tombés ces jurisconsultes, quand ils ont cru que l'Institué jouissait, dans tous les cas, de la saisine héréditaire.

L'Institué quel qu'il soit, universel, à titre universel, ou à titre particulier, n'est contraint d'acquitter les legs, ou de contribuer à leur acquittement, qu'autant qu'ils ont été faits en conformité de l'art. 1083 C. N. Hors ce cas, les héritiers *ab intestat* ou les légataires en sont seuls tenus.

S'il a été annexé au contrat de mariage un état des dettes et charges de l'Instituant existantes au jour de l'Institution, il est libre à l'Institué, lors du décès de l'Instituant, de s'en tenir aux biens qui existaient au moment de l'Institution, en renonçant au surplus des biens de l'Instituant. Mais si l'état des dettes et charges n'a pas été annexé, l'Institué sera obligé d'accepter ou de répudier l'Institution pour le tout. En cas d'acceptation, il ne pourra réclamer que les biens qui se trouveront existants au jour du décès de l'Instituant, et il sera soumis au paiement de toutes les dettes et charges de la succession (art. 1084. 1085 C. N.).

Il y a également lieu d'appliquer à l'Institution contractuelle les règles sur le droit d'accroissement applicables aux legs. A la vérité l'accroissement n'a lieu régulièrement que dans les dispositions testamentaires. Il ne peut exister dans les donations entre-vifs qui saisissent à l'instant le donataire, et chacun d'eux, s'il y en a plusieurs. Mais, comme nous l'avons déjà dit souvent, l'Institution contractuelle, quoiqu'elle soit une donation irrévocable, ne porte que sur la succession de l'Instituant, et sous ce rapport il y a les mêmes raisons d'appliquer l'accroissement à cette matière qu'à celle des legs. Si donc les deux époux ont été institués conjointement, la part du prédécédé accroît au survivant, encore bien qu'il existe des enfants nés du mariage (de Laurière, T. 1, chap. 4, N° 160) (Troplong, N° 2303) (contra Toullier, v. 844). Si, au contraire, les deux époux quoique institués ensemble, ne le sont pas conjointement, les droits du prémourant échoient à ses enfants. On retombe alors sous l'empire de l'art. 1082 C. N. M. Vazeille (art. 1082, N° 10) cite le cas où un père qui a trois fils en marie deux, et les institue par le même contrat de mariage héritiers des deux tiers de ses biens. Or il est clair que si l'aîné de ces deux fils meurt, sans enfants, avant son père, sa portion appartiendra à l'autre Institué comme son héritier conjoint.

Enfin l'Institué jouit, au décès de l'Instituant, d'une action en restitution qui lui permet de revendiquer tous les objets dont ce dernier a illégalement disposé. Cette action se prescrit, quant aux meubles, d'après le principe de l'art. 2279 C. N., et, quant aux immeubles, d'après celui des art. 2262 et 2265 C. N. Elle atteint non seulement les donataires de l'Instituant, mais même les tiers-détenteurs, et résout rétroactivement toutes les charges créées sur les immeubles (art. 929, 930 C. N.). Et comme l'Institué ne peut, avant le décès de l'Instituant, faire aucun acte conservatoire, la prescription commencera seulement à courir à dater de ce décès : car « *contra non valentem agere non currit præscriptio* ».

Il est évident, au surplus, que chacune des règles concernant les droits et obligations des époux institués doit être étendue, *mutatis mutandis* aux enfants nés du mariage.

En cas de prédécès des époux, les enfants sont donc appelés à recueillir la succession de l'Instituant, de leur chef, *proprio jure*, et sans le secours de la représentation. Ainsi 1° ils n'ont pas besoin de se porter héritiers des époux prédécédés, pour recueillir la succession contractuelle.

2° ils peuvent s'en tenir à cette succession spéciale, quand le donateur est leur aïeul, ou tout autre parent à la succession ordinaire duquel ils ne pourraient venir que par représentation de l'époux donataire. De cette manière, ils évitent le rapport des dons entre-vifs que le donateur a faits à leur père. 3° Quand l'Institution est recueillie par les enfants nés du mariage, les biens en sont partagés par tête entre eux, et par souche entre les petits-enfants, dans l'ordre des successions. 4° L'Institué et l'Instituant ne peuvent pas modifier les droits éventuels de ces enfants.

Nous venons de passer en revue les effets de l'Institution contractuelle simple, terminons ce chapitre, en examinant les effets particuliers de la promesse d'égalité qui est. comme nous l'avons déjà dit, une variété de l'Institution contractuelle.

L'effet le plus important que produise cette clause est sans contredit d'empêcher l'Instituant de faire à ses autres enfants des libéralités directes ou indirectes au préjudice de l'Institué. L'auteur de la promesse s'est engagé, en mariant un de ses enfants, à lui laisser dans sa succession une part égale à celle de ses frères ou sœurs; il doit, par conséquent, observer cette égalité qui a été la condition du mariage.

La cour de Besançon a fait une juste application de ce principe, en décidant, par arrêt du 11 juin 1844, que la promesse d'égalité que des père et mère ont faite à l'un de leurs enfants, dans son contrat de mariage, les prive du droit de faire aucune disposition au profit d'un autre enfant, à moins qu'il ne s'agisse de sommes modiques.

La promesse peut être faite à l'un des enfants seulement ou à tous : dans le premier cas, l'égalité ne devant exister qu'au regard de l'Institué, les enfants qui sont restés étrangers à la promesse ne peuvent pas être avantagés au détriment de ce dernier, mais rien ne s'oppose à ce que celui-ci soit gratifié au préjudice de ses frères ou sœurs; dans le second cas, au contraire, il faut que chaque enfant vienne à la succession de l'Instituant avec un droit pareil à celui des autres; car une égalité absolue et respective leur a été promise à tous, sans exception.

Cependant quoique la promesse d'égalité faite au profit de tous les enfants enlève à l'Instituant la faculté d'avantager les uns au détriment des autres, elle lui laisse le droit de partager sa fortune entre eux, au moyen d'un testament. Mais bien entendu cet acte n'est valable, qu'autant qu'il ne s'écarte pas des règles contenues dans la promesse d'égalité.

L'Instituant qui, après avoir fait une promesse de ce genre à l'un de ses enfants, ne peut plus avantager les autres, est-il frappé de la même incapacité vis-à-vis des tiers ?

Nous croyons que la promesse d'égalité a pour unique objet de garantir l'Institué contre les libéralités que l'Instituant serait tenté de faire au profit de ses autres enfants, et qu'ainsi les étrangers peuvent toujours être valablement gratifiés aux dépens de ces derniers. En effet, qu'a promis l'Instituant? De laisser à l'Institué une part égale à celle de ses frères et sœurs dans sa succession. A-t-il manqué à sa promesse, en donnant une portion de sa quotité disponible à des étrangers? Non évidemment. L'Institué reçoit, au décès de l'Instituant, autant de biens que ses cohéritiers. Sans doute les donations qui ont été faites aux étrangers diminuent, dans une certaine proportion, la masse à partager. Mais enfin l'Institué prend sur cette masse la part virile qui lui a été promise. Et là est toute la question.

Un arrêt de la cour de Bordeaux, du 12 mai 1848, a formellement consacré ce système. On peut argumenter dans le même sens d'un arrêt de la cour de cassation du 15 décembre 1818.

Si l'on songe maintenant à la facilité avec laquelle les parents prodiguent leurs biens à leurs enfants, et à la circonspection qu'ils mettent à se dépouiller en faveur des tiers, on comprendra l'avantage que la promesse d'égalité procure toujours à celui au profit de qui elle a été stipulée : car, comme le dit très-bien M. Dalloz, «c'est surtout en ce qui concerne les libéralités qui s'adresseraient aux frères et sœurs que le fils, à qui a été faite cette promesse, avait besoin d'être rassuré et garanti. C'est de ce côté que les sentiments naturels portent un père à diriger ses bienfaits, et non du côté de tiers étrangers qui, sauf des cas très-rares, ne reçoivent guère de libéralités un peu importantes que lorsque celui dont elles émanent ne doit laisser ses biens qu'à des héritiers collatéraux» (Inst. Cont. N° 2000).

Toutefois les questions que fait naître la promesse d'égalité sont de la nature de celles qu'il faut décider suivant les circonstances particulières de l'espèce, et l'intention présumée du disposant, bien plutôt que d'après les principes

rigoureux du droit. S'il résulte par conséquent des faits,
que l'auteur de la promesse a voulu s'interdire le droit de
faire d'ultérieures dispositions, d'une manière absolue, et
au **regard** de tout le monde, les juges doivent tenir compte
de sa volonté. Mais, qu'on le remarque bien, la promesse
d'égalité se confond, dans ce cas, avec l'Institution contractuelle ordinaire.

C'est en interprétant de la sorte l'intention du donateur
que la cour de cassation a pu dire, dans son arrêt du 8 décembre 1837, que le père de famille qui marie son enfant
et lui promet de ne pas faire de dispositions en faveur de
ses autres enfants, promet, à plus forte raison de n'en pas
faire à l'égard d'un étranger. Le père donne une garantie
contre les entraînements de l'affection paternelle; n'est-ce
pas une raison pour qu'on le croie fort contre les tenta-
tions des tiers? Et n'y a-t-il pas là une volonté claire qui a
été le gage de l'union de deux familles, et qui ne permet
pas d'ultérieures libéralités au profit de tiers? (Aubry et
Rau, § 739, 5°) (Troplong, N° 2376 et suiv.) (Championnière et Rigaud, T. 4, N° 2951).

<h2 style="text-align:center">CHAPITRE VII.</h2>

<h3 style="text-align:center">Des causes d'inexistence, de nullité, de caducité
et de révocation de l'Institution contractuelle.</h3>

L'Institution contractuelle est nulle et non avenue:

1° Lorsque les enfans à naître du mariage ont été institués en première ligne, *per saltum*, à l'exclusion des futurs

époux. Car, dès qu'on dépasse les limites où l'art. 1082 C. N. a enfermé le droit de disposer au profit d'enfants non encore conçus, on retombe sous l'application de la règle de l'art. 906 C. N.

2° Quand elle n'a pas été faite par contrat de mariage, ou quand elle a eu lieu en faveur de personnes autres que les futurs époux et les enfants à naître du mariage. En effet, dans ces deux hypothèses, l'Institution n'est qu'un pacte sur succession future qu'il faut déclarer inexistant d'après les dispositions des articles 791 et 1130 C. N. (Marcadé, art. 943 C. N.) (contra Aubry et Rau page 259).

Si l'Institution réguliérement faite quant au reste contient une substitution au profit de quelques-uns seulement des enfants à naître, l'Institution est valable, mais la substitution est réputée non avenue. Tous les enfants succèdent alors aux futurs époux, du chef de la loi (art. 1082 c. b. n. 906 C. N.)

Il en est de même de l'Institution accompagnée d'une clause d'association. Cette clause seule est à considérer comme non avenue (art. 900. C. N.).

L'Institution contractuelle est annulable, quand elle est émanée de personnes incapables de donner entre vifs. Dans ce cas, l'action en nullité qui compète aux héritiers de l'Instituant se prescrit par trente ans, qui commencent à courir à partir du jour du décès de l'Instituant.

Ces deux propositions sont, il est vrai, contestées par Merlin (Rép. V. Inst. cont. § 4. N°. 2) Toullier (VII. 610) et M. Duranton (IX. 725) qui appliquent ici la prescription de dix ans, et la font courir du jour de la célébration du mariage de l'Institué. Ces auteurs prétendent que le vice résultant de l'incapacité de l'Instituant est susceptible de se couvrir dans la personne de celui-ci, soit par la confirmation, soit par la prescription décennale, et ne peut plus dès lors servir de base à une action en nullité au profit de ses héritiers.

Mais ce raisonnement nous parait fondé sur des idées très fausses : d'abord il est impossible que l'Instituant confirme expressément une Institution contractuelle annulable, après la célébration du mariage de l'Institué. Un pareil acte serait nul comme contenant un traité sur succession future. Or la prescription n'est autre chose qu'une confirmation tacite dont les règles sont les mêmes que celles de la confirmation expresse ; d'où il suit clairement que la prescription de l'action en nullité contre l'Institution ne commence à courir qu'à dater du moment où cette Institution devient confirmable, c'est-à-dire au décès de l'Instituant. Ensuite comme les héritiers de ce dernier ne sont nullement représentés par lui dans le contrat d'Institution, leurs adversaires ne pourraient jamais se prévaloir contre eux de la disposition de l'article 1304 C. N. (Aubry et Rau, loc. cit.).

L'Institution contractuelle devient caduque :

1° Quand le mariage en faveur duquel elle a été faite ne s'accomplit pas, ou quand, après avoir été célébré, il est annulé (art. 1088 C. N.).

2° Quand l'Instituant survit à l'Institué et à sa postérité. (art. 1088 et 1089 C. N.). Si l'époux prédécédé laissait un enfant d'un précédent mariage, ou d'un mariage postérieur, il est évident que l'Institution serait également caduque, car ce n'est pas en faveur de cette union que l'Institution a été faite. L'enfant d'un autre lit n'y peut donc avoir aucun droit.

3° Quand l'époux ou les époux institués et les descendants substitués renoncent à leurs droits.

Dans ces différentes hypothèses, la caducité de l'Institution profite aux donataires et aux légataires qui ont été gratifiés postérieurement à l'Institué : de telle sorte que ces personnes qui auraient perdu le bénéfice des dispositions faites en leur faveur, comme préjudiciant soit à l'Institué, soit à l'héritier réservataire, le conservent intact.

L'article 786 C. N. que quelques auteurs invoquent dans le but de restreindre aux deux premières hypothèses le présent effet de la caducité de l'Institution, ne nous semble rien prouver. L'Institué et l'héritier de l'Instituant ne sont pas des cohéritiers, puisqu'ils succèdent en vertu de titres différents; la renonciation du premier ne doit donc pas profiter exclusivement au second. D'ailleurs de quel droit l'héritier *ab intestat* demanderait-il la réduction des donations et des legs postérieurs à l'Institution, lorsque, par suite de la caducité de celle-ci, il est rempli de sa réserve ?

4° Quand l'Instituant aliéne valablement les biens compris dans l'Institution, car il ne s'opère, en pareil cas, aucune subrogation réelle en faveur de l'Institué (Bordeaux, 26 mai 1830). (Cass. 23 mars 1841).

L'Institution contractuelle est révocable, lorsque les conditions sous lesquelles elle a eu lieu n'ont pas été exécutées.

Il arrive rarement que la question de l'accomplissement ou du non accomplissement d'une condition soulève des difficultés. Mais si , par hasard , elle devient délicate , les juges doivent la résoudre avec une grande circonspection. Ainsi quand une Institution contractuelle a été faite sous la condition expresse que l'Institué donnera ses soins aux affaires de l'Instituant , le décès de ce dernier doit-il ou ne doit-il pas faire révoquer l'Institution? La cour de Metz (27 juillet 1224) a jugé, (et, selon nous, bien jugé) que l'Institution est, dans cette hypothèse , irrévocable. Car si d'un côté la condition n'a pas été complétement exécutée, d'un autre côté , l'Instituant ne s'en est pas plaint, et lui seul avait intérêt à ce que la condition fût remplie.

Enfin l'Institution contractuelle est révoquée de plein droit par la survenance d'un enfant à l'Instituant, à moins que celui-ci ne soit un ascendant de l'Institué (art. 960 C. N.).

L'Institution n'est pas révocable pour cause d'ingratitude. La faveur due au mariage a fait admettre cette exception.

PROPOSITIONS.

DROIT ROMAIN.

1° Le mariage contracté sans le consentement du chef de famille peut être ratifié, mais cette ratification ne produit d'effet que pour l'avenir.

2° La femme mariée à un fils de famille tombe sous la *manus* non pas de son mari, mais du *pater familias* de celui-ci.

3° Une femme ingénue et honnête est présumée *uxor*, une femme de mauvaise vie est réputée unie par les liens du concubinat; le tout à moins d'une preuve contraire résultant d'un acte formel.

DROIT CIVIL FRANÇAIS.

1° L'erreur d'un époux sur les qualités physiques ou morales, civiles ou sociales de son conjoint n'est pas une cause d'annulation du mariage.

2° La donation d'une somme d'argent payable au décès du donateur est valable indépendamment de toute constitution d'hypothèque, quand le décès n'a été pris que comme terme de paiement.

3° Les donations faites par l'un des futurs époux à l'autre sont révocables pour cause d'ingratitude.

4° La reconnaissance d'un enfant naturel faite postérieurement au décès de l'enfant doit être considérée comme non avenue, si le père ou la mère ne l'a faite que dans le but de se créer des droits de succession sur les biens de l'enfant ainsi reconnu.

DROIT CRIMINEL.

1° On ne peut pas procéder à l'exécution d'une condamnation correctionnelle avant l'expiration du délai fixé par l'article 205 du Code d'Instruction criminelle.

2° Après 10 ans on ne peut pas plus devant un tribunal civil que devant un tribunal criminel intenter une action même purement pécuniaire à raison des dommages intérêts qui ont été causés par un crime.

3° La tentative d'avortement n'est pas punissable.

DROIT DES GENS.

1° Le droit des Gens tire des traités, des usages constants et du consentement tacite des nations une force obligatoire analogue à celle qui résulte d'une loi écrite.

2° La Guerre n'est juste que dans deux cas : lorsqu'elle

est le seul moyen pour une nation d'obtenir réparation d'un droit lésé (guerre offensive), ou de se garantir contre la lésion imminente d'un droit (guerre défensive). La violation d'un devoir de morale, de politesse ou de bienséance, les raisons de simple utilité politique, l'excellence du but que l'on se propose ne peuvent donc jamais être des causes justificatives de la guerre. Ainsi les guerres entreprises soit pour maintenir l'équilibre entre les peuples, soit pour propager un culte religieux, soit pour fonder des établissements commerciaux, sont des guerres injustes.

3° Le lit des cours d'eau qui ne sont ni navigables ni flottables appartient aux riverains.

Vu par le soussigné Doyen,
C. AUBRY.

Vu pour l'impression,
Strasbourg, le 13 juillet 1861,
Le Président de l'acte public,
HEPP.

Permis d'imprimer,
Strasbourg, le 14 juillet 1861,
Le Recteur,
DELCASSO.

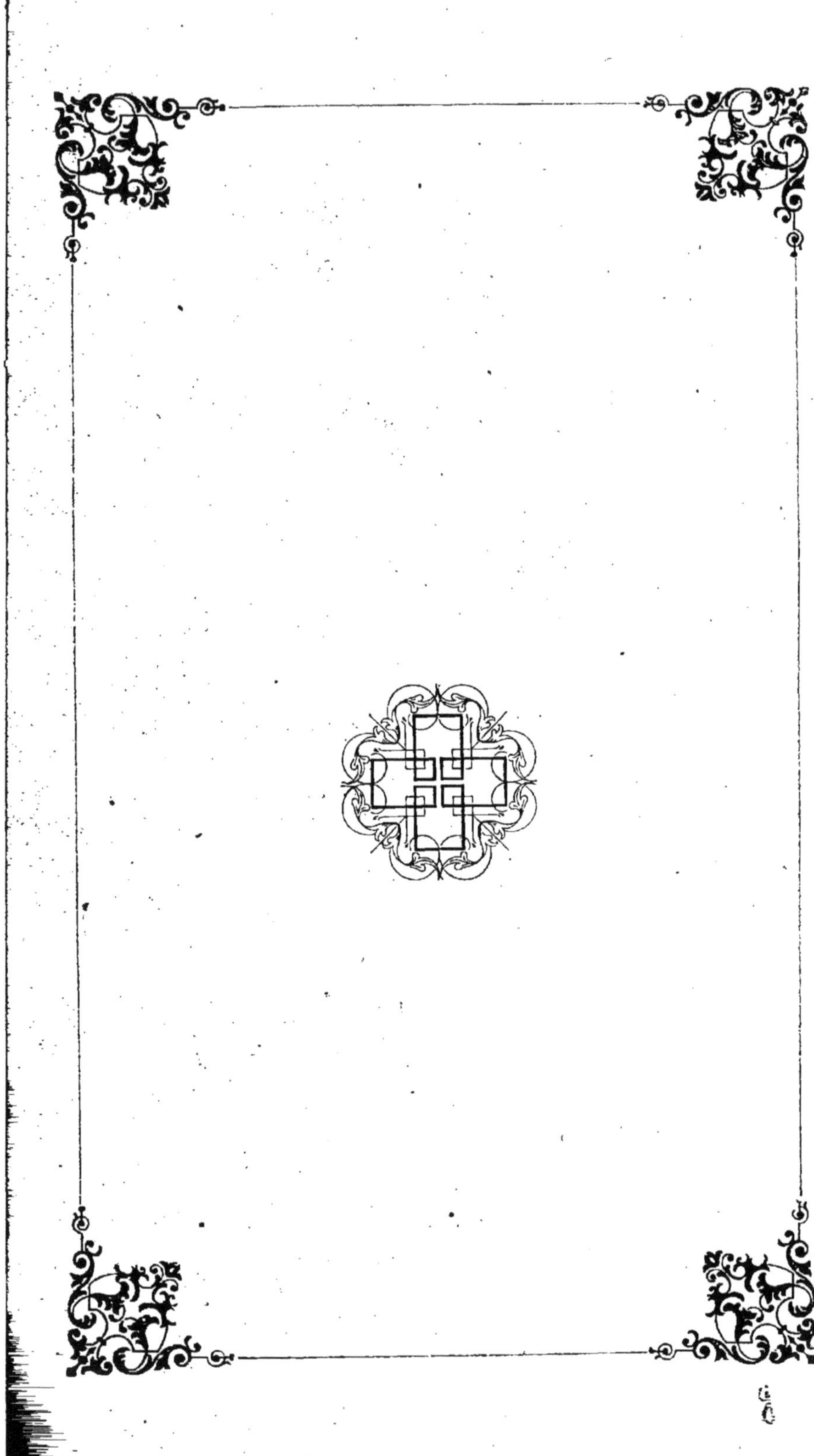

www.ingramcontent.com/pod-product-compliance
Ingram Content Group UK Ltd.
Pitfield, Milton Keynes, MK11 3LW, UK
UKHW022353070726
13614UKWH00003B/1177